Couverture inférieure manquante

ERCKMANN-CHATRIAN

POUR LES ENFANTS

**BIBLIOTHÈQUE
D'ÉDUCATION ET DE RÉCRÉATION**
J. HETZEL ET Cⁱᵉ, 18, RUE JACOB
PARIS

Tous droits de traduction et de reproduction réservés.

POUR LES ENFANTS

ERCKMANN-CHATRIAN

POUR LES ENFANTS

COLLECTION HETZEL

POUR LES ENFANTS

PAR

ERCKMANN-CHATRIAN

DESSINS DE

TH. SCHULER, BENETT, RIOU, ETC.

BIBLIOTHÈQUE
D'ÉDUCATION ET DE RÉCRÉATION
J. HETZEL ET Cⁱᵉ, 18, RUE JACOB
PARIS

Tous droits de traduction et de reproduction réservés

POUR LES ENFANTS

I

LE COQUILLAGE DE L'ONCLE BERNARD

L'oncle Bernard avait un grand coquillage sur sa commode. Un coquillage aux lèvres roses n'est pas commun dans les forêts du Hundsruck, à cent cinquante lieues de la mer; Daniel Richter, ancien soldat de marine, avait rapporté celui-ci de l'Océan, comme une marque éternelle de ses voyages.

Qu'on se figure avec quelle admiration, nous autres enfants du village, nous contemplions cet objet merveilleux. Chaque fois que l'oncle sortait faire ses visites, nous entrions dans la bibliothèque, et, le bonnet de coton sur la nuque, les mains dans les fentes de notre petite blouse bleue, le nez contre la plaque de marbre, nous regardions l'escargot d'Amérique, comme l'appelait la vieille servante Grédel.

Ludwig disait qu'il devait vivre dans les haies, Kasper qu'il devait nager dans les rivières ; mais aucun ne savait au juste ce qu'il en était.

Or, un jour l'oncle Bernard nous trouvant à discuter ainsi, se mit à sourire. Il déposa son tricorne sur la table, prit le coquillage entre ses mains et s'asseyant dans son fauteuil :

« Écoutez un peu ce qui se passe là-dedans, » dit-il.

Aussitôt, chacun appliqua son oreille à la coquille, et nous entendîmes un grand bruit, une plainte, un murmure, comme un coup de vent, bien loin au fond des bois. Et tous, nous nous regardions l'un l'autre émerveillés.

« Que pensez-vous de cela ? » demanda l'oncle ; mais personne ne sut que lui répondre.

Alors, il nous dit d'un ton grave :

« Enfants, cette grande voix qui bourdonne, c'est le bruit du sang qui coule dans votre tête, dans vos bras, dans votre cœur et dans tous vos membres. Il coule ici comme de petites sources vives, là comme des torrents, ailleurs comme des rivières et de grands fleuves, il baigne tout votre corps à l'intérieur, afin que tout puisse y vivre, y grandir et y prospérer, depuis la pointe de vos cheveux jusqu'à la plante de vos pieds.

« Maintenant, pour vous faire comprendre pourquoi vous entendez ces bruits au fond du coquillage, il faut vous expliquer une chose. Vous connaissez l'écho de la Roche-Creuse, qui vous renvoie votre cri quand vous criez, votre chant quand vous chantez, et le son de votre corne, lorsque vous ramenez vos chèvres de l'Altenberg le soir. Eh bien, ce coquillage est un écho semblable à celui de la Roche-Creuse ; seulement, lorsque vous l'approchez de votre oreille, c'est le bruit de ce qui se passe en vous qu'il vous renvoie, et ce bruit ressemble à toutes les voix du ciel et de la terre, car chacun de nous est un petit monde : celui qui pourrait voir la centième partie des merveilles qui s'accomplissent dans sa tête durant une seconde, pour le faire vivre et penser, et dont il n'entend que le murmure au fond de la coquille, celui-là tomberait à genoux et pleurerait longtemps, en remerciant Dieu de ses bontés infinies.

« Plus tard, quand vous serez devenus des hommes, vous comprendrez mieux mes paroles et vous reconnaîtrez que j'avais raison.

« Mais, en attendant, mes chers amis, veillez bien sur votre âme, conservez-la sans tache, c'est elle qui vous fait vivre! le Seigneur l'a mise dans votre tête pour éclairer votre petit monde, comme il a mis son soleil au ciel pour éclairer et réchauffer l'univers.

« Vous saurez, mes enfants, qu'il y a dans ce monde des pays où le soleil ne luit pour ainsi dire jamais. Ces pays-là sont bien tristes. Les hommes ne peuvent pas y rester; on n'y voit point de fleurs, point d'arbres, point de fruits, point d'oiseaux, rien que de la glace et de la neige; tout y est mort! Voilà ce qui vous arriverait, si vous laissiez obscurcir votre âme; votre petit monde vivrait dans les ténèbres et dans la tristesse; vous seriez bien malheureux!

« Évitez donc avec soin ce qui peut troubler votre âme : la paresse, la gourmandise, la désobéissance, et surtout le mensonge; toutes ces vilaines choses sont comme des vapeurs venues d'en bas, et qui finissent par couvrir la lumière que le Seigneur a mise en nous.

« Si vous tenez votre âme au-dessus de ces nuages, elle brillera toujours comme un beau soleil et vous serez heureux! »

Ainsi parla l'oncle Bernard, et chacun écouta de nouveau, se promettant à lui-même de suivre ses bons conseils, et de ne pas laisser les vapeurs d'en bas obscurcir son âme.

Combien de fois, depuis, n'ai-je pas tendu l'oreille aux bourdonnements du coquillage! Chaque soir, aux beaux jours de l'automne, en rentrant de la pâture, je le prenais sur mes genoux et, la joue contre son émail rose, j'écoutais avec recueillement. Je me représentais les merveilles dont nous avait parlé l'oncle Bernard, et je pensais : — Si l'on pouvait voir ces choses par un petit trou, c'est ça qui doit être beau!

Mais ce qui m'étonnait encore plus que tout le reste, c'est qu'à force d'écouter, il me semblait distinguer, au milieu du bourdonnement du coquillage, l'écho de toutes mes pensées, les unes douces et tendres, les autres joyeuses; elles chantaient comme les mésanges et les fauvettes au retour du printemps, et cela me ravissait. Je serais resté là des heures entières, les yeux écarquillés, la bouche entr'ouverte, respirant à peine pour mieux entendre, si notre vieille Grédel ne m'avait crié :

« Fritzel, à quoi penses-tu donc? Ote un peu cet escargot de ton oreille et mets la nappe; voici M. le docteur qui rentre. »

Alors je déposais le coquillage sur la commode en soupirant, je mettais le couvert de l'oncle et le mien au bout de la table; je prenais la grande carafe et j'allais chercher de l'eau à la fontaine.

Pourtant, un jour, la coquille de l'oncle Bernard me rendit des sons moins agréables; sa musique devint sévère et me causa la plus grande frayeur. C'est qu'aussi je n'avais pas lieu d'être content de moi, des nuages sombres obscurcissaient mon âme; c'était ma faute, ma très grande faute. Mais il faut que je vous raconte cela depuis le commencement. Voici comment les choses s'étaient passées.

Ludwig et moi, dans l'après-midi de ce jour, nous étions à garder nos chèvres sur le plateau de l'Altenberg; nous tressions la corde de notre fouet, nous sifflions, nous ne pensions à rien.

TOUT A COUP LA BRANCHE CASSA COMME DU VERRE.

Les chèvres gripmaient à la pointe des rochers, allongeant le cou, la barbe en pointe sur le ciel bleu. Notre vieux chien Bockel, tout édenté, sommeillait, sa longue tête de loup entre les pattes.

Nous étions là, couchés à l'ombre d'un bouquet de *sapineaux*, quand tout à coup Ludwig étendit son fouet vers le ravin et me dit :

« Regarde là-bas, au bord de la grande roche, sur ce vieux hêtre, je connais un nid de merles. »

Alors je regardai, et je vis le vieux merle qui voltigeait de branche en branche, car il savait déjà que nous le regardions.

Mille fois l'oncle Bernard m'avait défendu de dénicher des oiseaux; et puis le nid était au-dessus du précipice, dans la fourche d'une grande branche moisie. Longtemps, longtemps je regardai cela tout rêveur. Ludwig me disait :

« Il y a des jeunes; ce matin, en allant cueillir des mûres dans les ronces, je les ai bien entendus demander la becquée; demain ils s'envoleront, car ils doivent avoir des plumes. »

Je ne disais toujours rien, mais le diable me poussait. A la fin, je me levai, je m'approchai de l'arbre, au milieu des bruyères, et j'essayai de l'embrasser : il était trop gros! Malheureusement, près de là poussait un hêtre plus petit et tout vert. Je grimpai dessus, et, le faisant pencher, j'attrapai la première branche de l'autre.

Je montai. Les deux merles poussaient des cris plaintifs et tourbillonnaient dans les feuilles. Je ne les écoutais pas. Je me mis à cheval sur la branche moisie, pour m'approcher du nid, que je voyais très bien ; il y avait trois petits et un œuf, cela me donnait du courage. Les petits allongeaient le cou, leur gros bec jaune ouvert jusqu'au fond du gosier, et je croyais déjà les tenir. Mais comme j'avançais, les jambes pendantes et les mains en avant, tout à coup la branche cassa comme du verre, et je n'eus que le temps de crier : — Ah! mon Dieu! — Je tournai deux fois, et je tombai sur la grosse branche au-dessous, où je me me cramponnai d'une force terrible. Tout l'arbre tremblait jusqu'à la racine, et l'autre branche descendait, en râclant les rochers avec un bruit qui me faisait dresser les cheveux sur la tête ; je la regardai malgré moi jusqu'au fond du ravin, elle tomba dans le torrent et s'en alla, tournoyant au milieu de l'écume, jusqu'au grand entonnoir où je ne la vis plus.

Alors je remontai doucement au tronc, les genoux bien serrés, demandant pardon à Dieu, et je me laissai glisser tout pâle dans les bruyères. Les deux vieux merles voltigeaient encore autour de moi, jetant des cris lamentables, Ludwig s'était sauvé ; mais comme il descendait le sentier de l'Altenberg, tournant la tête par hasard, il me vit sain et sauf, et revint en criant tout essoufflé :

« Te voilà!... Tu n'es pas tombé de la roche?

— Oui, lui dis-je, sans presque pouvoir remuer la langue, me voilà... Le bon Dieu m'a sauvé! Mais allons-nous-en... allons-nous-en... j'ai peur! »

Il était bien sept heures du soir, le soleil rouge se couchait entre les sapins ; j'en avais assez ce jour-là de garder les chèvres. Le chien ramena notre troupeau, qui se mit à descendre le sentier dans la poussière jusqu'à Hirschland. Ni Ludwig ni moi nous ne soufflions joyeusement dans notre corne, comme les autres soirs, pour entendre l'écho de la Roche-Creuse nous répondre.

La peur nous avait saisis et mes jambes tremblaient encore.

Une fois au village, pendant que les chèvres s'en allaient à droite, à gauche, bêlant à toutes les portes d'étables, je dis à Ludwig :

« Tu ne raconteras rien ?

— Sois tranquille. »

Et je rentrai chez l'oncle Bernard. Il était allé dans la

haute montagne voir un vieux bûcheron malade. Grédel venait de dresser la table. Quand l'oncle n'était pas de retour sur les huit heures du soir, nous soupions seuls ensemble. C'est ce que nous fîmes comme d'habitude. Puis Grédel ôta les couverts et lava la vaisselle dans la cuisine. Moi, j'entrai dans notre bibliothèque, et je pris le coquillage, non sans inquiétude. Dieu du ciel, comme il bourdonnait! Comme j'entendais les torrents et les rivières mugir! et comme, au milieu de tout cela, les cris plaintifs des vieux merles, le bruit de la branche qui râclait les rochers et le frémissement de l'arbre s'entendaient! Et comme je me représentais les pauvres petits oiseaux écrasés sur une pierre! — c'était terrible... terrible!

Je me sauvai dans ma petite chambre au-dessus de la grange, et je me couchai; mais le sommeil ne venait pas, la peur me tenait toujours.

Vers dix heures, j'entendis l'oncle arriver en trottant dans le silence de la nuit. Il fit halte à notre porte et conduisit son cheval à l'écurie, puis il entra. Je l'entendis ouvrir l'armoire de la cuisine et manger un morceau sur le pouce, selon son habitude, quand il rentrait tard.

« S'il savait ce que j'ai fait! » me disais-je en moi-même.

A la fin il se coucha. Moi, j'avais beau me tourner, me retourner, mon agitation était trop grande pour dormir; je me représentais mon âme noire comme de l'encre : j'aurais voulu pleurer. Vers minuit, mon désespoir devint si grand, que j'aimai mieux tout avouer. Je me levai, je descendis en chemise et j'entrai dans la chambre à coucher de l'oncle Bernard, qui dormait, une veilleuse sur la table.

Je m'agenouillai devant son lit. Lui, s'éveillant en sursaut, se leva sur le coude et me regarda tout étonné.

« C'est toi, Fritzel, me dit-il, que fais-tu donc là, mon enfant?

— Oncle Bernard, m'écriai-je en sanglotant, pardonnez-moi, j'ai péché contre le ciel et contre vous.

— Qu'as-tu donc fait ? dit-il tout attendri.

— J'ai grimpé sur un hêtre de l'Altenberg pour dénicher des merles et la branche s'est cassée !

— Cassée ? Oh ! mon Dieu !...

— Oui, et le Seigneur m'a sauvé, en permettant que je m'accroche à une autre branche. Maintenant les vieux merles me redemandent leurs petits ; ils volent autour de moi, ils m'empêchent de dormir. »

L'oncle se tut longtemps. Je pleurais à chaudes larmes.

« Oncle, m'écriai-je encore, ce soir j'ai bien écouté dans la coquille, tout est cassé, tout est bouleversé, jamais on ne pourra tout raccommoder. »

Alors il me prit le bras et dit au bout d'un instant d'une voix solennelle :

« Je te pardonne !... Calme-toi... Mais que cela te serve de leçon. Songe au chagrin que j'aurais eu, si l'on t'avait rapporté mort dans cette maison. Eh bien, le pauvre père et la pauvre mère des petits merles sont aussi désolés que je l'aurais été moi-même : ils redemandent leurs enfants ! Tu n'as pas songé à cela. Puisque tu te repens, il faut bien que je te pardonne. »

En même temps il se leva, me fit prendre un verre d'eau sucrée et me dit :

« Va-t'en dormir... Les pauvres vieux ne t'inquiéteront plus... Dieu te pardonne à cause de ton chagrin... Tu dormiras maintenant. Mais, à partir de demain, tu ne garderas plus les chèvres ; un garçon de ton âge doit aller à l'école. »

Je remontai donc dans ma chambre plus tranquille, et je m'endormis heureusement.

Le lendemain, l'oncle Bernard me conduisit lui-même chez notre vieil instituteur Tobie Veyrius. Pour dire la vérité, cela me parut dur les premiers jours, de rester enfermé dans une chambre du matin au soir, sans oser remuer, oui, cela me parut bien dur ; je regrettais le grand air ! mais on n'arrive à rien ici-bas sans se donner beaucoup de peine. Et puis le travail finit par devenir une douce habitude; c'est même, tout bien considéré, la plus pure et la plus solide de nos jouissances. Par le travail seul on devient un homme, et l'on se rend utile à ses semblables.

Aujourd'hui l'oncle Bernard est bien vieux ; il passe son temps assis dans le grand fauteuil derrière le poêle, en hiver, et l'été, sur le banc de pierre devant la maison, à l'ombre de la vigne qui couvre la façade. Moi, je suis médecin, je le remplace. Le matin, au petit jour, je monte à cheval, et je ne rentre que le soir, harassé de fatigue. C'est une existence pénible, surtout à l'époque des grandes neiges ; eh bien, cela ne m'empêche pas d'être heureux.

Le coquillage est toujours à sa place. Quelquefois, en rentrant de mes courses dans la montagne, je le prends comme au bon temps de ma jeunesse, et j'écoute bourdonner l'écho de mes pensées ; elles ne sont pas toujours joyeuses, parfois même elles sont tristes, — lorsqu'un de mes pauvres malades est en danger de mort et que je ne puis rien pour le secourir, — mais jamais elles ne sont menaçantes, comme le soir de l'aventure du nid de merles.

Celui-là seul est heureux, mes chers amis, qui peut écouter sans crainte la voix de sa conscience : riche ou pauvre, il goûte la félicité la plus complète qu'il soit donné à l'homme de connaître en ce monde.

II

L'ENTRÉE AU COLLÉGE.

En 1835, sous le règne de Louis-Philippe, vivaient à Richepierre, en Alsace, sur la pente des Vosges, un honnête notaire, M. Didier Nablot, sa femme, Catherine, et leurs enfants : Jean-Paul, Jean-Jacques, Jean-Philippe, Marie-Reine et Marie-Louise.

Moi, Jean-Paul, j'étais l'aîné de la famille, et je devais, en cette qualité, succéder un jour à l'étude de notre père.

Ce bon temps de la jeunesse me revient dans toute sa fraîcheur : je vois notre vieille maison à l'entrée du village; sa cour, entourée de hangars, de granges, d'écuries; son fumier, où se promenaient les poules; sa large toiture plate, où tourbillonnaient les pigeons, et nous autres enfants, le nez en l'air, jetant de hauts cris, pour chasser les moineaux qui venaient piller le grain dans le colombier.

Et puis, derrière les vieilles bâtisses vermoulues, je vois notre jardin, qui descend jusqu'au bas de la colline, avec ses bordures de buis le long des allées et ses carrés de légumes. La vieille servante Babelô, les cottes retroussées, coupe des asperges avec un vieux couteau terreux; la mère cueille des haricots ou d'autres légumes de la saison, son grand chapeau de paille tombant sur les épaules et le panier au bras... Tout est là, devant mes yeux!

Au-dessus de nous s'étageait le village, montrant ses fenêtres innombrables, hautes, basses, rondes ou carrées ; ses vieux pignons garnis de bardeaux et de planches contre la pluie et le vent ; ses balustrades et ses escaliers de bois. Les femmes allaient et venaient le long des galeries ; et, tout au haut de la côte, les sentinelles se promenaient l'arme au bras sur les remparts du vieux fort.

C'est un spectacle que je n'oublierai jamais, un de ces souvenirs d'enfance beaux comme un rêve, parce qu'alors on ne pensait à rien ; que le déjeuner, le dîner, le souper vous attendaient tous les jours à la même heure, et qu'on dormait tranquillement sur la foi des bons parents, sans s'inquiéter du lendemain.

Voilà le plus beau temps de la vie !

Notre père, petit homme vif et remuant, aimait à parler haut, à dire sa façon de voir sur toutes choses, à morigéner les campagnards, gens pleins de ruses et de chicanes, disait-il, auxquels il faut mettre les points sur les *i*, pour éviter les procès. Bien loin de les engager à faire des actes, il les prévenait toujours d'être prudents, de réfléchir avant de se décider ; et quand il s'apercevait d'un détour, d'un piège, d'une porte de derrière, selon son expression, l'indignation l'emportait. C'est alors qu'il fallait l'entendre se fâcher ; sa voix montait et descendait, toujours plus perçante ; on l'entendait de la rue. Et les autres, les braves gens qu'il apostrophait de la sorte, le bonnet de coton ou le large feutre à la main et l'air rêveur, s'en allaient, hommes et femmes, se consultant entre eux sur l'escalier et se demandant s'il fallait rentrer.

Mais lui, tout à coup, poussait la porte et leur criait :

« Allez-vous-en au diable et ne revenez jamais. Je ne veux plus rien savoir de votre affaire. Allez trouver maître Nickel. »

On pense bien qu'avec ce système nous ne devions pas être riches ; mais dans tout le pays on disait :

TOUT EST LA, DEVANT MES YEUX.

« M. Nablot est un bon notaire; c'est un honnête homme.

Quant à notre mère, grande, blonde, les joues rosées comme une jeune fille, sous ses cheveux grisonnants, c'était la plus tendre des mères.

Elle surveillait son ménage, ne laissait rien se perdre, et savait tirer parti des moindres loques, pour nous habiller et nous tenir propres. Tous les vieux habits du père passaient de l'un à l'autre, en commençant par moi; et quand Jean-Philippe les avait portés, ils étaient bien usés, bien rapiécés; je dois en convenir. Aussi criait-il et s'indignait-il avec les mêmes gestes et les mêmes éclats de voix que notre bon père, de ce que j'étais toujours mieux mis que lui, chose que le bon petit garçon ne pouvait comprendre. Marie-Reine et Marie-Louise héritaient des vieilles robes de notre mère, et tout allait ainsi le mieux du monde, à la grâce de Dieu.

Nous fréquentions alors l'école de M. Magnus, un bon vieux instituteur à grande capote râpée, culotte courte et souliers ronds à boucles de cuivre, comme il s'en rencontrait encore quelques-uns dans nos montagnes, au commencement du règne de Louis-Philippe. Son école fourmillait d'enfants; les uns — en très petit nombre — bien habillés, comme nous; les autres, pieds nus, crasseux, en blouse déchirée, en manches de chemises, la culotte de toile pendue à l'épaule par une seule bretelle, un lambeau de casquette sur la tignasse, enfin quelque chose d'incroyable et qui ne sentait pas bon, surtout en hiver, les portes et les fenêtres fermées.

Nous étions là-dedans, mes frères et moi, comme de petits seigneurs gros et gras, roses et joufflus, auprès de pauvres êtres minables, et dont plusieurs, avec leurs yeux de chats ou de petits renards, avaient l'air de vouloir nous manger.

M. Magnus, son martinet sous le bras, semblait aussi

nous respecter plus que les autres, et ne tapait sur nous qu'à la dernière extrémité : nous étions des enfants de bonne famille, les fils de M. le notaire de Richepierre! Et puis, à sa fête et au jour de l'an, il recevait de notre mère quelques tablettes de chocolat et deux ou trois bouteilles de vin rouge de Thiaucourt, ce qui méritait considération.

Malgré cela, nous ne pouvions pas avoir les premières places, parce que Christophe Gourdier, le fils du portier-consigne, Jean-Baptiste Dabsec, le fils du garde champêtre, et Nicolas Koffel, le garçon du tisserand, avaient tous une plus belle écriture que nous; qu'ils récitaient mieux leurs leçons et savaient mieux additionner et multiplier au tableau.

Cela me désolait, car à force d'entendre dire à la maison que les Nablot avaient toujours été les premiers de père en fils, et que c'était une honte de voir les garçons d'un vétéran, d'un chasse-pauvres et d'un ouvrier nous grimper sur le dos, je m'indignais en moi-même d'une si grande humiliation.

Et le pire, c'est que ces trois gueux, entre l'école du matin et celle du soir, allaient encore à la forêt chercher leur fagot de bois mort, pour gagner leur vie; tandis que nous autres nous avions tout notre temps pour étudier et repasser les leçons.

La colère me prenait quelquefois tellement en songeant à cela, qu'un jour, rencontrant Gourdier, le fils du portier-consigne, qui rentrait pieds nus au village, avec son fagot sur l'épaule, je l'appelai mendiant!

Il était petit, maigre et sec; mais aussitôt, jetant son fagot à terre, et son grand bonnet de police crasseux, qui lui couvrait la nuque, à côté, il tomba sur moi comme un loup et me donna tant de coups de poing en quelques secondes, que je ne voyais plus clair et que le sang me coulait du nez comme un ruisseau.

Je poussais des cris terribles.

Gourdier, sans s'émouvoir, remit tranquillement son fagot sur l'épaule, il passa dessous le manche de sa hachette et continua son chemin, remontant vers le fort comme si rien ne s'était passé.

J'aurais pu le dénoncer à mon père, qui l'aurait fait renvoyer de l'école, mais j'avais pourtant encore trop de bon sens pour ne pas voir qu'il avait eu raison, et je me contentai d'entrer dans notre cour, pour me laver le nez à la pompe.

Depuis ce jour, j'ai conservé, sans le vouloir, une sorte de respect pour le fils du vétéran et les autres camarades qui portaient des fagots, me disant en moi-même qu'ils avaient des os durs, qu'ils étaient vifs et hardis à force de grimper sur les arbres, et qu'ils portaient lourd. Oui, cela m'inspira toutes sortes de réflexions sur la force!

Peu de temps avant ce désagrément, comme j'allais tous les jeudis et tous les dimanches au bois, chercher des nids avec cinq ou six camarades plus déguenillés les uns que les autres, le père me fit une grande remontrance à ce sujet, criant que le fils d'un notaire n'est pas le fils d'un manœuvre; qu'il ne doit pas aller vagabonder avec la racaille, et que chacun en ce monde est obligé de tenir son rang et de respecter lui-même, s'il veut obtenir le respect des autres.

Je l'écoutais, comprenant bien ce que cela signifiait. Il finit par me dire que le temps était venu de songer aux choses sérieuses, et que j'allais prendre des leçons de latin chez M. le curé Hugues.

M. Hugues était un grand Lorrain de cinq pieds huit pouces, maigre, osseux, la figure rouge et les cheveux gris taillés en brosse. Il aimait beaucoup mon père et venait souvent le soir à la maison faire sa partie de cartes. C'est lui qui m'apprit mes déclinaisons, mes conjugaisons et la règle *liber Petri*.

J'allais tous les jours, après dîner, à la cure, dans son

cabinet orné de livres, la fenêtre ouverte sur un petit jardin fermé de hautes murailles.

« Ah! te voilà, Jean-Paul, me disait-il; assieds-toi, tu peux commencer à réciter. »

Et tout en se promenant, en prenant de grosses prises dans sa tabatière, sur la table, en regardant dehors par la fenêtre, il me criait de temps en temps :

« Futur : *amabo, amabis, amabit*, j'aimerai, tu aimeras, il aimera. Infinitif : *amare*, aimer... C'est bon, je suis content de toi. Voyons le devoir. »

Il prenait mon thème, regardait et disait :

« C'est ça!... ça marchera... Tu connais déjà les deux premières règles : *Ludovicus rex — Liber Petri*. C'est bien. Il faudra voir l'autre, la règle : *Amo Deum*, j'aime Dieu; et puis l'autre : *Implere dolium vino*, remplir le tonneau de vin; *vinum* à l'ablatif. C'est une belle règle; nous verrons ça. »

Je crois qu'en me parlant il songeait à toute autre chose. — Ensuite il me disait :

« Tu peux t'en aller, Jean-Paul. N'oublie pas de souhaiter le bonjour à ton père et à ta mère de ma part. »

Et je m'en allais. C'est ainsi que j'apprenais le latin.

Dès que le village sut que j'allais chez M. le curé, je fus un grand personnage; toutes les vieilles me regardaient d'un air d'attendrissement; le bruit courut bientôt que je me préparais pour le séminaire. On me saluait, on m'appelait « monsieur Jean-Paul », et mes anciens camarades, même Gourdier et Dabsec, étaient impressionnés par cette grandeur nouvelle.

Moi, je me redressais et je prenais un air grave, pour répondre à l'attention publique; je faisais à la maison le petit papa, parlant à mes frères et sœurs d'un air de protection et d'indulgence. L'idée de la comédie me gagnait; il faut que ce soit en quelque sorte naturel aux hommes de notre race, de se poser selon l'opinion des autres.

Cela durait depuis plus d'un an, et M. le curé vantait beaucoup mes progrès, lorsqu'il fut question de me conduire au collège de Saarstadt, où l'on faisait des bacheliers, moyennant quoi vous pouviez pousser vos études plus loin, et devenir médecin, avocat, juge, pharmacien, fonctionnaire de l'État, en allant étudier encore quelques années soit à Strabourg, soit ailleurs.

Mes parents ne causaient plus que de cela ; et, comme l'affaire me regardait particulièrement, j'écoutais leurs conversations sur ce chapitre avec intérêt, me représentant d'avance toutes les joies et les satisfactions que j'allais avoir au collège, toutes les couronnes que j'allais remporter, selon les prédictions de M. le curé, et la belle place que j'aurais, au bout du compte, si je cédais l'étude à mon frère Jean-Jacques, pour m'installer dans une position plus élevée.

Cela me paraissait aussi simple, aussi naturel que de manger ma soupe le matin ; je ne savais pas encore que bien d'autres veulent avoir les bonnes places ; qu'il faut livrer bataille, ou courber l'échine pendant quinze ou vingt ans pour les obtenir, parce qu'au lieu de se gagner au concours, comme ce serait juste, elles sont trop souvent le prix de la platitude et de l'hypocrisie, et qu'un très grand nombre de découragés s'en vont à la fin sans avoir rien obtenu du tout.

Mon père et ma mère voyaient aussi tout en beau ; leur résolution fut arrêtée vers l'automne de 1834, et dès lors la mère ne pensa plus qu'à mon trousseau.

Le père, très fort sur les ordonnances et les règlements concernant l'instruction publique, dont il avait acheté le recueil à Strasbourg, disait :

« Il faut un habit de drap bleu de roi, collet et parements bleu céleste, un pantalon idem, deux caleçons, une veste bleue pour la petite tenue, deux paires de draps, six serviettes, huit chemises, six mouchoirs de poche, douze paires de bas, dont six de laine et six de fil ou de coton, trois bonnets de nuit, un peigne et une brosse à cheveux, deux paires de souliers neufs, avec les brosses nécessaires pour le nettoyage et le cirage des chaussures. Il faut tout cela, d'après le décret du 17 mars 1808, sur l'organisation des collèges communaux, les décrets des 15 novembre 1811, le statut du 28 septembre 1814, l'ordonnance royale de 1821, la circulaire de 1823, etc., etc. »

Il avait tout étudié d'avance et savait jusqu'au nombre de boutons qu'il fallait à l'uniforme; aussi était-ce une véritable affaire d'État pour m'habiller d'après les règlements; il fallut faire venir le drap, la doublure et les boutons de Saverne; et puis ma mère, sachant que Blaise Rigaud, le tailleur du village, avait la mauvaise habitude de fourrer du drap dans son sac, ma bonne mère fit tout peser devant lui, sur la balance de notre buanderie : boutons, drap, doublure, fil, afin de retrouver le même compte plus tard, avec les vêtements et les morceaux de reste.

Je n'ai jamais vu de figure plus étonnée que celle de maître Blaise en ce moment; il baissait le nez, comme un vieux renard surpris d'un pareil tour, il ne disait rien et réfléchissait bien sûr à la malice des femmes; mais comme l'ouvrage était rare, et qu'il était sûr d'avoir bonne table à la maison, et même un verre de vin à dîner, il s'installa dans la grande salle, commençant par me prendre mesure et par tailler le drap avec ses grands ciseaux. Ensuite il grimpa sur la table, et les jambes croisées, l'écheveau de fil pendu au cou, il se mit à pousser l'aiguille.

Toute la famille, grands et petits, le contemplait. Moi, j'étais toujours là pour essayer les habits quand il en avait besoin. Le père continuait ses études sur les lois, ordonnances et décrets touchant l'Université.

Au bout de huit jours, tout étant à peu près bien, le cordonnier Malnoury m'ayant aussi fait de très bons souliers avec trois rangées de clous, et la couturière de bonnes chemises de toile, il fut décidé que le père m'achèterait une casquette d'uniforme chez M. Surloppe, chapelier à Sâarstadt, attendu qu'il n'existait pas à Richepierre d'ouvrier capable de m'en faire une selon l'ordonnance de 1823.

Enfin les effets essayés, payés et mis en ordre dans la vieille malle, le père, la mère et M. le curé, la veille du départ après souper, me firent un long sermon, me recommandant de bien travailler, de remplir toujours mes devoirs religieux, de ne pas oublier mes prières et d'écrire à la maison au moins deux fois par mois; et, le lendemain matin, 5 octobre 1834, au milieu de la moitié du village rassemblé pour me voir partir, mes anciens camarades déguenillés et pieds nus parmi la foule, notre vieille Grisette attelée au char à bancs, mon père et moi assis devant, la malle derrière dans la paille, le fouet se mit à claquer.

La mère pleurait; les petits frères et sœurs, les bras levés autour de la voiture, voulaient encore m'embrasser; la vieille servante Babelô, qui m'avait vu venir au monde, accourait le tablier sur les yeux; et moi je trouvais cela bien extraordinaire, puisque je partais pour mon bonheur.

De Richepierre à Sâarstadt on compte quatre lieues par les bois. De loin en loin se rencontrent un étang, une scierie, une maison forestière sous les roches et les sapins, un bûcheron qui retourne au village, sa hache sur l'épaule, un juif qui ramène sa vache de la foire; les gens s'arrêtent au bord du chemin, ils semblent vous attendre et vous saluent d'un grand bonjour. Tout le monde se salue dans la montagne, les rencontres sont si rares!

En cette saison de l'année, les feuilles mortes remplissaient déjà la route; le bétail se promenait en silence au fond des vallées, et ce spectacle de la solitude vous rendait tout rêveur.

Le père ne disait rien; quelquefois il touchait le cheval du bout de son fouet, et nous recommencions à courir.

Vers onze heures, nous arrivions sur le plateau de Hesse,

et la ville, avec ses remparts du temps d'Adam, ses vieilles tours croulantes, son église et ses maisons de grès rouge, apparaissait au bas de la côte, dans la vallée de la Sarre.

Vingt minutes après, nous entrions par la porte des Vosges; les vieux fossés remplis de jardins et le corps de garde des douaniers défilaient; j'eus à peine le temps de les voir. Notre voiture s'engouffra sous la porte sombre; les pas du cheval retentirent sur le pavé, et je commençais à regarder les petites maisons basses, propres, bien alignées, quand notre char à bancs s'arrêta sur une petite place, devant l'auberge de l'Abondance, au milieu d'une quantité d'autres voitures, diligences, patackes, cabriolets, encombrant la porte cochère, et de malles, de porte-manteaux entassés contre les murs, jusqu'au fond de la cour.

En ce temps, l'hôtel de l'Abondance était une des premières auberges du pays; on ne parlait, sur toute la route de Strasbourg à Nancy, que des bons rôtis, des bonnes fricassées et du bon vin de Mme Abler; commis voyageurs, gros propriétaires des environs, tout le monde s'arrêtait à l'Abondance, sûr d'y trouver de bons dîners à quarante sous et des chambres tant qu'on en voulait. C'était alors le grand courant, et naturellement, à la rentrée des vacances, quand tant de gens d'Alsace et de Lorraine amenaient leurs enfants au collège, l'encombrement était encore plus extraordinaire.

Un garçon vint dételer notre cheval; on porta notre malle dans une chambre au premier, et nous montâmes aussitôt nous donner un coup de brosse, étant tout blancs de poussière; après quoi nous descendîmes pour dîner.

La grande salle en bas fourmillait de monde; des familles entières d'Alsaciens, père, mère, enfants grands et petits, étaient venus ensemble voir la ville, avant de laisser leur fils ou leur frère au collège; c'est à peine si nous trouvâmes une petite table où nous placer près des fenêtres. Mais tout fut servi promptement : soupe, rôti, grand plat de choucroute garni de saucisses, jambon et salade; et puis les noix, le raisin, les biscuits, le fromage, le tout arrosé de bon vin.

Je n'avais jamais vu de mouvement pareil.

Notre dîner terminé, le père ayant pris son café, se leva et me dit :

« Maintenant, Jean-Paul, je vais te présenter à M. Rufin, le principal; arrive! »

Nous sortîmes et nous traversâmes la place du Marché, encombrée de monde. Des officiers de cuirassiers, le bonnet de police sur l'oreille et la taille serrée dans leur petit habit-veste, se promenaient au milieu de la foule, en faisant sonner leurs éperons. Nous prîmes, à gauche, la rue de la Sarre, et bientôt nous fûmes sur l'escalier en péristyle du vieux couvent des Capucins, transformé en collège depuis l'Empire.

« C'est ici, dit le père; monte! »

La grande porte du vestibule était encore ouverte, car les classes ne devaient commencer que le lendemain. Le vieux tailleur Van den Berg, concierge du collège, laissait encore entrer et sortir, observant seulement les passants par les petites vitres de sa loge; malgré cela, nos pas retentissant sur les dalles de la première cour me donnèrent à penser.

Nous entrâmes dans le grand corridor, par où les anciens capucins allaient autrefois à leur chapelle, et dont les hautes fenêtres à la file ressemblaient à des arcades. Mon père frappa deux petits coups du doigt à une porte; on sentait je ne sais quelle odeur d'encens.

« Entrez! » dit quelqu'un d'une voix nasillarde.

C'était Canard, l'un des domestiques, un petit homme brun, très laid et les cheveux luisants de pommade.

Il époussetait les meubles avec son plumeau.

« Monsieur le principal?

— Il est là, monsieur, » répondit Canard en montrant une autre porte à gauche.

Il fallut frapper de nouveau, et l'on répéta :

« Entrez ! »

Alors nous entrâmes dans le cabinet de M. Rufin, un véritable cabinet de principal : beau parquet luisant, belle bibliothèque, grand fourneau de porcelaine à cercles de cuivre et plaque de marbre, meubles de noyer, rideaux de damas sombre, enfin quelque chose de tout à fait bien. La haute et large fenêtre donnait sur la cour du rempart.

M. l'abbé Rufin, un petit homme à soutane et rabat bien propres, la figure ronde et grassouillette, l'œil gauche un peu trouble et fixe, et l'autre assez observateur. M. Rufin, qui lisait, déposa son livre sur la table et se leva pour nous recevoir, nous invitant à prendre place.

On s'assit.

Mon père remit au principal une lettre de M. Hugues, qui lui donnait toutes les explications nécessaires sur mon compte.

« C'est très bien, dit M. Rufin après avoir lu, cela suffit ; nous ferons notre possible pour seconder vos vues. Les classes s'ouvrent demain, vous n'aurez qu'à faire transporter la malle au collège ; nous trouverons au jeune homme une bonne place à la salle d'étude et au dortoir. »

Il me touchait la joue de sa main potelée, d'un air de bienveillance, et moi j'étais devenu tout timide.

« Puisqu'il sait ses déclinaisons, ses verbes réguliers et les premières règles du rudiment, dit M. le principal, nous pourrons le mettre tout de suite en sixième, dans la classe de M. Gradus ; il traduira le *de Viris illustribus urbis Romæ.* »

Je ne bougeais pas, et mon père semblait comme attendri.

« C'est un bel enfant, » finit par dire M. Rufin.

Puis, ayant pris mes nom et prénoms sur son registre, reçu le prix du premier semestre et donné quittance, M. le principal nous reconduisait, lorsqu'un véritable flot de nouveaux venus se présenta dans l'antichambre : toute une famille de Lorrains, trois garçons, qu'il s'agissait d'inscrire, le père, la mère, le curé de la commune; aussi M. Rufin, dépêchant son salut à mon père, dit aux arrivants :

« Messieurs et madame, donnez-vous la peine d'entrer. »

Nous sortîmes dans le corridor, la porte se referma, et nous reprîmes en silence le chemin de la rue.

Une sorte d'inquiétude avait remplacé mon enthousiasme, et j'aurais voulu pouvoir retourner au village; le père devinait sans doute mes pensées; en marchant, il me dit :

« C'est maintenant une affaire faite; nous allons dire à l'auberge de porter ta malle au collège. Tu seras avec de braves gens; tu travailleras bien; tu nous écriras souvent, et s'il le faut, je viendrai te voir. C'est un passage difficile, mais nous avons tous passé par là. »

J'entendais à sa voix qu'il se raffermissait lui-même, et pour la première fois peut-être, je compris toute l'étendue de son affection.

A l'Abondance, ses ordres étant donnés, nous ressortîmes faire un tour en ville. Il me montrait les édifices et me parlait avec une sorte de considération, comme on parle à un jeune homme :

« Tiens, voilà le palais de Justice; c'est là que se réunissent les juges et qu'on vend les coupes. Voici la caserne, où logent les soldats, l'hôpital militaire, etc. »

Nous visitâmes toute la petite ville, même sa vieille prison, son hospice Saint-Nicolas et sa synagogue. C'était pour passer le temps, pour ne pas nous séparer tout de suite.

A cinq heures et demie, nous rentrâmes au collège; ma malle était arrivée, le domestique l'avait portée au dortoir; il nous y conduisit. Nous vîmes Mme Thiébaud, la lingère, et son fils, qui était borgne.

En haut, dans l'immense corridor, une foule d'autres

élèves étaient arrivés; les grands avaient leur petite chambre à part : d'anciennes cellules donnant sur la cour intérieure. Chacun s'occupait de ranger ses effets, de remettre son trousseau à la lingère. On chantait, on riait, comme des gens qui ont bien dîné. On nous regardait passer en disant :

« Tiens... un nouveau!... »

D'autres personnes se promenaient aussi dans cet immense corridor avec leurs fils.

M. Canard nous mena plus haut, au grand dortoir, où des quantités de petits lits sur deux rangs, allaient d'un bout de la salle à l'autre.

« Voici le lavoir, nous dit-il, en nous montrant deux grandes aiguières de fer-blanc; c'est ici que les enfants se lavent, avant de descendre pour l'étude du matin, à cinq heures. »

Et puis, tout au bout de la salle, entre les deux fenêtres du fond, il nous fit voir mon lit, déjà prêt, avec son petit rouleau pour oreiller et sa couverture à liséré rouge, ma malle était au pied du lit.

Tout ce mouvement, ces éclats de rire des camarades, ces étrangers allant et venant autour de nous, me donnaient d'avance le sentiment de l'isolement où j'allais être; je cherchais des yeux quelque figure sympathique, mais chacun s'occupait de ses propres affaires; une sorte de trouble me gagnait.

Il n'y a que ceux de troisième et de quatrième année qui rient en rentrant dans leurs habitudes; tous les nouveaux, je le crois, éprouvent un grand serrement de cœur.

Enfin, ayant donné un coup d'œil à l'établissement, mon père remercia Canard de nous avoir conduits et lui glissa quelque chose dans la main.

La nuit venait. Nous redescendîmes; et comme nous rentrions dans la cour en bas, le père Van den Berg, son vieux bonnet de laine grise sur les oreilles, le nez et le menton en carnaval, et son tricot retombant de ses épaules voûtées — une vraie figure de vieux capucin ressuscité d'entre les morts! — ouvrait un petit placard sous la voûte du vestibule, et se mettait à tirer une corde. La cloche de l'antique chapelle tintait; ces sons se répandaient dans tous les vieux corridors, les élèves descendaient à la file.

C'était l'heure du souper, qu'on avait avancé pour donner aux parents le temps de regagner leur village le même jour, en rentrant le moins tard possible.

On se réunissait dans la cour, avant d'aller au réfectoire, les petits devant, les grands derrière.

En ce moment, les embrassades commençaient de tous les côtés :

« Adieu, Jacques!... Adieu, Léon!... Allons, mon enfant, du courage!... »

Quelques petits pleuraient, les mères aussi. Moi, je faisais bonne contenance; mais, au moment où la cloche ayant cessé de tinter, le père me dit : « Eh bien, Jean-Paul!... » en me tendant les bras, alors mon cœur éclata et je ne pus m'empêcher de sangloter.

Le père, lui, ne disait rien; il me serrait dans ses bras; et seulement au bout d'un instant, s'étant remis, il me dit d'une voix enrouée :

« C'est bien!... je raconterai à ta mère que tu as montré du courage jusqu'à la fin... Et maintenant, travaille bien, et donne-nous de tes nouvelles le plus souvent possible. »

Il m'embrassa de nouveau et sortit brusquement.

Au même instant, le concierge fermait la grande porte, la clef grinçait dans la serrure : j'étais prisonnier!... Et, sans savoir comment, je me trouvais dans le rang des petits, nos maîtres d'étude à côté, nous défilions deux à deux en bon ordre, pour aller au réfectoire.

Ce soir-là, j'étais trop affecté pour faire attention à la grande salle du réfectoire, à ses hautes fenêtres ouvertes sur la cour du jardin, à sa chaire en vieux chêne, aux deux vieux tableaux tellement couverts de crasse qu'on n'y distinguait pour ainsi dire plus rien, aux longues tables où nous étions divisés par sections. Je ne vis pas même au fond la table de M. le principal, où les professeurs et les maîtres d'étude mangeaient des mets plus délicats et buvaient de meilleur vin que nous; ni l'antique guichet, par lequel M. Canard et son confrère Miston recevaient les plats que leur présentait Mlle Thérèse, la cuisinière.

Ma pensée était ailleurs.

« Allons, mange donc, petit, me disait notre chef de plat, un ancien déjà tout barbu, le gros Barabino, du Harberg; il faut manger et boire, ça chasse le chagrin. »

Les autres riaient, mais Barabino les reprenait, disant :

« Laissez-le tranquille!... Plus tard, je vous en préviens, ce petit-là sera des bons... Il est triste maintenant; ça peut arriver à tout le monde d'être triste, surtout quand on quitte les bons dîners de la maison, pour entrer au collège de Saarstadt; ce n'est pas consolant d'avoir des haricots, des pois et des lentilles, des lentilles, des haricots et des pois sur la planche pour un an, avec de la friture sans beurre, de la salade sans huile et du vin aigre, enfin ce que M. le principal appelle dans ses prospectus « une nourriture saine, abondante et variée!... » Non, ce n'est pas gai du tout, on pourrait se chagriner à moins. »

Ainsi parlait le gros Barabino, et les autres ne riaient plus.

Après le souper, en me promenant dans le grand corridor où les camarades se racontaient joyeusement leurs vacances, j'aurais voulu fondre en larmes.

Enfin la nuit étant venue, la cloche se remit à tinter, et l'on se rassembla pour monter au dortoir. Tous ces pas grimpant quatre à quatre les vieux escaliers du cloître, produisaient un bruit de tonnerre.

En haut, je reconnus mon lit à ma petite malle qui se trouvait à côté; et, m'étant déshabillé, je me glissai dans l'étroite couchette, sans oublier de faire ma prière. La lanterne brillait au pillier du milieu; M. Wolframm, le maître d'étude, faisait lentement son tour dans la salle, attendant que tous les élèves fussent couchés; puis il éteignit la lampe et alla se reposer dans sa petite chambre, au coin du dortoir.

M. Rufln, sur le coup de dix heures, au moment où les trompettes sonnaient le couvre-feu à la caserne de cavalerie, passa comme une ombre. La lune brillait par les vitres, calme et silencieuse. Mon voisin dormait profondément, et je m'assoupis à mon tour.

III

LES PREMIÈRES VACANCES.

Enfin de jour en jour les vacances approchaient ; et maintenant que j'y pense, il me semble entendre quatre ou cinq de nos anciens, le grand Léman d'Abrecheville, Barabino, du Harberg, et Limon, le fils du brasseur, qui chantent, en se promenant bras dessus bras dessous, dans les corridors, le chant des vacances, qu'ils avaient appris de leurs anciens, et qui passait de génération en génération au collège de Sâarstadt. Je le fredonne moi-même, et j'en ai les larmes aux yeux

> Ah! ah! ah!
> Valete studia!
> Omnia jam tædia
> Vertantur in gaudia?
> I! I! I!
> Vale, magister mi.....

Oui, oui, si le temps du collège paraît à quelques-uns le plus beau de la vie, c'est sans doute qu'ils ne se souviennent que de l'approche des vacances.

Faisons comme eux, pour un instant.

L'hiver est passé, les compositions sont finies; nous sommes au commencement d'avril, après la fête des

Rameaux, au temps de Pâques. De tous les côtés les parents viennent nous chercher; un grand nombre d'élèves sont déjà partis. Mon père m'a écrit la veille qu'il arrivera me prendre, et je suis à l'étude du matin. De temps en temps la porte s'ouvre; on appelle tantôt l'un, tantôt l'autre des camarades, qui se lève tout pâle, ferme son pupitre et sort; les parents sont là, qui l'attendent dans la cour.

Chaque fois que la porte s'ouvre, mon cœur bat : — C'est moi qu'on va nommer! — Non, c'est un autre.

Tout à coup le nom de Jean-Paul Nablot retentit; je me lève, je saute par-dessus la table, je sors en trébuchant, et mon père me reçoit dans ses bras.

Je pleure, et lui s'essuie les yeux.

« Eh bien, Jean-Paul, j'arrive de chez le principal; tes compositions sont bonnes, tu as de la mémoire, mais tu ne travailles pas assez... ton professeur, M. Gradus, se plaint que tu raisonnes... Tu veux donc me donner du chagrin? »

Et mes sanglots redoublent.

« Allons... allons... dit-il, tu travailleras mieux après les vacances... Viens... ne parlons plus de ça. »

Nous sortons.

Le père Van den Berg regarde; il nous laisse passer... Dieu du ciel! je suis dehors!... Tout est oublié... Le vieux char à bancs est là devant la porte; nous sommes dessus, et nous voilà roulant au grand trot sur le pavé jusqu'à la porte des Vosges. Bientôt Grisette galope dans le chemin sablonneux qui mène à Richepierre. Je suis redevenu gai.

Au bout d'une heure, nous avons traversé Hesse, et tout en galopant dans le bois de Barville, sous la voûte des hêtres, des chênes et des bouleaux, déjà tout couverts de bourgeons, je raconte à mon père les mille injustices qu'on m'a faites; car, dans mon idée, mon professeur m'en veut.

Le brave homme m'écoute; il a bien des choses à redire sur tout cela; dans le fond, il ne me donne pas tout à fait

AH! AH! AH!
VALETE STUDIA!

tort, et après m'avoir longtemps écouté, non sans une sorte d'attendrissement, il me répond :

« Tout cela, mon enfant, c'est possible, je te crois! Mais nous ne sommes pas riches, nous faisons de grands sacrifices pour toi, tâche d'en profiter et ne t'inquiète pas des injustices; l'essentiel est de ne pas en commettre soi-même, de remplir ses devoirs et de s'élever par son courage, sa persévérance et son travail. Aujourd'hui seulement, tu commences à voir les difficultés de la vie; tout ceci n'est rien, c'est une petite expérience. Plus tard, lorsqu'il s'agira de te créer une position, au milieu de ces millions d'êtres qui tous serreront les rangs et voudront t'empêcher d'entrer, c'est alors que les véritables obstacles se présenteront. Ainsi, calme-toi, ne t'indigne pas inutilement. Tu te portes bien, la première épreuve est passée, cela suffit provisoirement. Ton premier but doit être de te faire recevoir bachelier, car ce titre est exigé pour entrer dans n'importe quelle carrière; ne pense qu'à cela, et travaille en conséquence. »

Ainsi me parlait ce brave homme, et je comprenais qu'il avait raison; j'étais résolu à suivre ses bons conseils, pour lui faire plaisir d'abord, ainsi qu'à ma mère, et puis pour ennuyer ceux qui cherchaient à mettre des bâtons dans les roues.

Deux heures après notre départ de Sâarstadt, nous étions arrivés au pied de la côte rocheuse qui monte à Richepierre; la voiture se ralentissait, le cheval soufflait. « Hue! » criait mon père. Moi, pensif, je revoyais enfin le vieux village, tout ému de mes souvenirs d'enfance et du bonheur d'embrasser bientôt ceux que j'aimais.

Enfin la première maison en haut de la côte paraît; le cheval se remet à trotter, et nous descendons la grande rue bordée de granges, de fumiers et de hangars.

La mère nous attendait, sous le vestibule; les frères et sœurs regardaient :

« Hé!... le voilà... voilà Jean-Paul! »

Et tous les voisins, les voisines se penchaient aux fenêtres.

Avant que la voiture fût arrêtée, j'étais à terre, et j'embrassais la bonne mère avec enthousiasme; elle ne pouvait retenir ses larmes. Les frères et sœurs, pendus à mon cou, poussaient de grands cris; et c'est ainsi que nous entrâmes pêle-mêle dans la grande chambre, où nous attendait le dîner.

Qu'est-ce que je peux vous dire encore? Ces quinze jours de vacances passèrent comme une minute.

Tous les anciens camarades d'école venaient me voir. Gourdier et Dabsec, en passant matin et soir, les pieds nus, la poitrine débraillée, leur fagot sur l'épaule, s'arrêtaient, relevant d'un mouvement de tête leurs grands cheveux pendant sur la figure, et me regardaient en silence.

« Bonjour, Gourdier, » dis-je un jour à celui que M. Magnus proclamait autrefois le meilleur de ses élèves.

Un éclair passa dans ses yeux bruns.

« Bonjour, » dit-il brusquement, en reprenant sa charge, le manche de la hachette au-dessous et grimpant au fort.

J'étais devenu moins fier, mais lui n'oubliait pas que je l'avais appelé mendiant; il ne me pardonnait pas.

Peut-être pensait-il qu'avec un peu d'argent il aurait aussi pu continuer ses études, et se révoltait-il en lui-même d'être arrêté. Je n'en sais rien; cela se peut, car il avait de l'ambition à l'école, et n'ayant pas d'huile dans la lampe à la maison pour étudier ses leçons, il tenait son livre à la bouche du fourneau, la tête entre les genoux pour lire; quand il venait le matin à l'école, ses yeux étaient tout rouges. Je crois donc qu'il m'en voulait d'avoir plus de bonheur que lui et de pouvoir étudier à mon aise.

M. le curé vint aussi dîner une ou deux fois à la maison pendant ces vacances; il me posa des questions et parut satisfait, surtout de mes progrès en histoire sainte.

Puis il fallut repartir et rentrer en classe chez M. Gradus; ce fut une grande tristesse.

IV

LE DÉPART DU JEUNE AMI.

Quand ton grand-père, M. le président du tribunal Münstz, obtint de l'avancement en 1865, me dit le brigadier Frédéric, et qu'il partit pour la Bretagne, d'une certaine façon cela me fit plaisir, car il méritait d'avancer; on n'a jamais vu d'homme plus savant ni meilleur, sa place n'était pas à Saverne; mais, d'un autre côté, j'en eus aussi beaucoup de chagrin.

Mon père, l'ancien forestier de Dôsenheim, ne m'avait jamais parlé de M. le président Münstz qu'avec le plus grand respect, me répétant sans cesse que c'était notre bienfaiteur, qu'il avait toujours aimé notre famille; moi-même je lui devais le bon poste de la Steinbach; et c'est aussi sur sa recommandation que j'avais obtenu ma femme, Catherine Bruat, la fille unique de l'ancien brigadier Martin Bruat.

D'après cela, tu penses bien que, en allant faire mes rapports à Saverne, je regardais toujours avec attendrissement cette bonne maison, où j'avais été si bien reçu pendant vingt ans; je regrettais ce brave homme, cela me serrait le cœur.

Et naturellement nous étions aussi beaucoup privés de ne plus te voir arriver en vacances à la maison forestière.

Nous en avions tellement pris l'habitude, que longtemps d'avance nous disions :

« Voici le mois de septembre qui s'approche, le petit Georges va bientôt venir ! »

Ma femme dressait le lit en haut ; elle mettait de la lavande entre les draps bien blancs ; elle lavait le plancher et les vitres.

Moi, je préparais les lacets pour les grives et les amorces de toutes sortes pour les truites ; j'allais réparer sous les roches notre hutte aux mésanges ; j'essayais les sifflets pour la pipée, et j'en faisais de nouveaux avec du plomb et des os d'oies. J'arrangeais tout en ordre dans nos boîtes, les hameçons, les cordeaux, les mouches en plumes de coq, riant d'avance du plaisir de te voir farfouiller là-dedans, de t'entendre me dire :

« Ecoutez, père Frédéric, il faudra m'éveiller demain à deux heures sans faute, nous partirons longtemps avant le jour ! »

Je savais bien que tu dormirais comme un loir, jusqu'à ce que je vienne te secouer en te reprochant ta paresse ; mais le soir, avant de te coucher, tu voulais toujours être debout à deux heures, et même à minuit ; cela me réjouissait.

Et puis je te voyais déjà dans la hutte, tellement tranquille pendant que je pipais, que tu n'osais presque pas respirer ; je t'entendais frémir sur la mousse, quand les geais et les grives arrivaient, tournoyant pour voir sous les feuilles ; je t'entendais murmurer tous bas :

« En voici !... En voici !... »

Tu ne te possédais plus, jusqu'à l'arrivée du grand nuage des mésanges, qui ne vient guère qu'au petit jour.

Oui, Georges, tout cela faisait ma joie, et j'attendais les vacances peut-être avec autant d'impatience que toi.

Notre petite Marie-Rose aussi se faisait une joie de te revoir bientôt ; elle se dépêchait de tresser de nouvelles nasses et de réparer les mailles des filets rompues l'année d'avant ; mais alors tout était fini, tu ne devais plus revenir, nous le savions bien.

Deux ou trois fois cet imbécile de Calas, qui gardait nos vaches dans la prairie, voyant passer de loin, sur l'autre pente de la vallée, des gens qui se rendaient à Dôsenheim, accourut en criant, la bouche ouverte jusqu'aux oreilles :

« Le voici !... Le voici !... C'est lui... Je l'ai reconnu... il a son paquet sous le bras... »

Ragot aboyait sur les talons de cet idiot. J'aurais voulu les assommer tous deux, car nous avions appris ton arrivée à Rennes : M. le président lui-même avait écrit que tu regrettais tous les jours la Steinbach ; j'étais bien d'assez mauvaise humeur, sans entendre des cris pareils.

Souvent aussi ma femme et Marie-Rose, en rangeant les fruits sur le plancher du grenier, disaient.

« Quelles belles poires fondantes !... Quelles bonnes reinettes grises !... Ah ! si Georges revenait, c'est lui qui roulerait là-haut du matin au soir ; il ne ferait que monter et descendre l'escalier. »

Et l'on souriait, les larmes aux yeux.

Et combien de fois, moi-même, rentrant de la pipée, et jetant sur la table mes chapelets de mésanges, ne me suis-je pas écrié :

« Tenez, en voilà dix, quinze douzaines. A quoi cela sert-il maintenant ? Le petit n'est plus là !... Autant les donner au chat ; moi je m'en moque pas mal ! »

C'est vrai, Georges, je n'ai jamais eu le goût des mésanges ni même des grives. J'ai toujours mieux aimé un bon quartier de bœuf, et de temps à autre seulement un peu de gibier pour changer.

Enfin, c'est ainsi que se passèrent les premiers temps après votre départ.

V

MARIE-ROSE.

Au cœur de l'hiver de 1866, pendant que tous les sentiers de la montagne étaient couverts de neige, et que nous entendions chaque nuit les branches des hêtres chargés de givre se briser comme du verre à droite et à gauche de la maison forestière, un soir, ma femme, qui, depuis le commencement de la saison, allait et venait toute pâle, sans parler, me dit, vers six heures, après avoir allumé le feu sur l'âtre : « Frédéric, je vais me coucher... Je ne me sens pas bien... J'ai froid. »

Jamais elle ne m'avait rien dit de semblable. C'était une femme qui ne se plaignait jamais et qui, durant sa jeunesse, surveillait notre ménage jusqu'à la veille de ses couches.

Moi, je ne me méfiais de rien, et je lui répondis :

« Catherine, ne te gêne pas... Tu travailles trop... Va te reposer... Marie-Rose fera la cuisine. »

Je pensais : « Une fois dans vingt ans, ce n'est pas trop ; elle peut bien se reposer un peu. »

Marie-Rose fit chauffer une cruche d'eau pour lui mettre sous les pieds, et nous soupâmes tranquillement comme à l'ordinaire, avec des pommes de terre et du lait caillé. Aucune inquiétude ne nous venait; sur les neuf heures, après avoir fumé ma pipe près du fourneau, j'allais me coucher, quand, arrivant près du lit, je vis ma femme blanche comme un linge, les yeux tout grands ouverts. Je lui dis :

« Hé ! Catherine ! »

Mais elle ne bougea pas. Je répétai : « Catherine ! » en lui secouant le bras... Elle était déjà froide !

Cette femme courageuse s'était couchée en quelque sorte à la dernière minute ; elle avait souffert longtemps sans se plaindre. J'étais veuf... Ma pauvre Marie-Rose n'avait plus de mère !

Cela me causa un déchirement terrible ; je crus que jamais je ne me relèverais de ce coup.

La vieille grand'mère, qui, depuis quelque temps, ne bougeait presque plus de son fauteuil et semblait toujours en rêve, se réveilla. Marie-Rose poussait des sanglots qu'on entendait jusque dehors, et Calas lui-même, ce pauvre idiot, bégayait :

« Ah ! si j'étais seulement mort à sa place !... »

Et comme nous étions au loin dans les bois, il fallut transporter ma pauvre femme, pour l'enterrer, à l'église de Dôsenheim pendant les grandes neiges. Nous allions à la file, le cercueil devant nous sur la charrette. Marie-Rose pleurait tellement, que j'étais forcé de la soutenir à chaque pas. Heureusement la grand'mère n'était pas venue ; elle s'était assise dans son fauteuil et récitait les prières des morts à la maison.

Nous ne revînmes ce soir-là qu'à la nuit noire. Et maintenant la mère était là-bas sous la neige, avec les anciens Bruat, qui sont tous au cimetière de Dôsenheim, derrière l'église ; elle était là, et je pensais :

« Qu'est-ce que la maison va devenir ? Jamais, Frédéric, tu ne te remarieras ; tu as eu une bonne femme, qui sait si la seconde ne serait pas la plus mauvaise et la plus dépensière du pays ? Jamais tu n'en prendras d'autres. Tu vivras comme cela tout seul. Mais quoi faire ?... Qui est-ce qui prendra soin de tout? Qui est-ce qui veillera jour et nuit à tes intérêts? La grand'mère est trop vieille et ta fille n'est encore qu'une enfant. »

Je me désolais, songeant que tout allait se perdre ; que nos économies depuis tant d'années se dépenseraient de jour en jour.

Mais j'avais dans ma petite Marie-Rose un véritable trésor, une enfant pleine de courage et de bon sens; sitôt ma femme morte, elle se mit à la tête de nos affaires, veillant aux champs, au bétail, au ménage, et commandant à Calas comme la mère. Le pauvre garçon lui obéissait; il comprenait, dans sa simplicité, que c'était maintenant la maîtresse, et qu'elle avait le droit de parler pour tout le monde.

Voilà comment vont les choses sur la terre.

La vieille maison, où je rentrais autrefois en riant de loin, rien que de voir ses petites fenêtres briller au soleil et sa petite cheminée fumer entre les cimes des sapins, était alors triste, désolée. L'hiver nous parut bien long. Le feu qui pétille si joyeusement sur l'âtre, quand les fleurs blanches du givre couvrent les vitres et que le silence règne dans la vallée, ce feu, que je regardais souvent des demi-heures en fumant ma pipe, rêvant à mille choses qui me passaient par la tête, ne me donnait plus que de tristes pensées. Les bûches pleuraient ; le pauvre Ragot cherchait dans tous les coins, il montait, descendait, soufflait sous les portes; Calas tressait des paniers en silence, les osiers en tas devant lui ; la grand'mère disait son chapelet ; et Marie-Rose, toute pâle et vêtue de noir, allant et venant dans la maison, veillait à tout et faisait tout sans bruit comme sa pauvre mère.

Moi, je ne disais rien; quand la mort est entrée quelque part, toutes les plaintes que l'on peut faire sont en pure perte.

Oui, cet hiver fut long!

Puis le printemps revint comme les autres années; les hêtres et les sapins se remirent à pousser leurs bourgeons;

on ouvrit les fenêtres pour renouveler l'air; le grand poirier devant la porte se couvrit de fleurs; tous les oiseaux du ciel recommencèrent à chanter, à se poursuivre, à nicher, comme si rien ne s'était passé.

Je repris aussi mon travail, accompagnant monsieur le garde général Rameau dans ses tournées, pour l'aménagement des coupes, surveillant l'exploitation au loin, partant de grand matin et revenant tard, au dernier chant des hautes grives.

Le chagrin me suivait partout, et pourtant j'avais encore la consolation de voir Marie-Rose grandir en force et en beauté d'une façon vraiment merveilleuse.

Ce n'est pas, Georges, parce que j'étais son père que je dis cela; mais on aurait cherché longtemps de Saverne à Lutzelstein, dans nos vallées, avant de rencontrer une jeune fille aussi fraîche, la taille aussi bien prise, l'air aussi honnête, avec d'aussi beaux yeux bleus et d'aussi magnifiques cheveux blonds. Et comme elle s'entendait à tous les ouvrages, soit de la maison, soit du dehors!... Ah! oui, je puis bien le dire, c'était une belle créature, douce et forte.

Souvent, en rentrant à la nuit et la voyant au haut de l'escalier me faire signe qu'on m'attendait depuis longtemps pour le souper, puis descendre les marches et me tendre ses bonnes joues, souvent j'ai pensé :

« Elle est encore plus belle que sa mère au même âge; elle a le même bon sens; dans ton malheur, ne te plains pas, Frédéric, car beaucoup d'autres envieraient ton sort d'avoir une enfant pareille, qui te donne tant de satisfaction. »

Une seule chose me faisait venir des larmes, c'est quand je songeais à ma femme, alors je m'écriais :

« Ah! si Catherine pouvait revenir pour la voir, elle serait bien heureuse! »

Mais c'était impossible, la mort ne rend jamais ceux qu'elle a pris.

VI

L'ARRIVÉE DES FONCTIONNAIRES ALLEMANDS EN ALSACE

Il faut que je te raconte maintenant une chose qui nous surprit beaucoup, que nous ne pouvions comprendre, Marie-Rose et moi, et qui malheureusement a fini par devenir trop claire pour nous, comme pour beaucoup d'autres.

Environ quinze jours après l'établissement de Bismarck-Bohlen à Haguenau, comme gouverneur provisoire de l'Alsace, nous vîmes arriver du fond de la vallée une voiture semblable à celles de ces Allemands qui partaient pour l'Amérique, avant l'invention des chemins de fer, une longue voiture chargée de mille vieilleries : paillasses, dévidoirs, bois de lit, casseroles, lanternes, que sais-je ? avec le chien crotté, la femme mal peignée, la nichée d'enfants morveux et le monsieur conduisant lui-même sa haridelle par la bride.

Nous regardions tout étonnés, pensant :

« Qu'est-ce que cela veut dire ? Qu'est-ce que ces gens viennent faire chez nous ? »

Sous la bâche, près du timon, la femme, déjà vieille, jaune et ridée, le bonnet de travers, épluchait la tignasse de ses enfants, qui fourmillaient dans la paille, des garçons et des filles, tous blond-filasse, joufflus et ventrus comme des mangeurs de pommes de terre.

« Wilhelm, veux-tu rester tranquille, disait-elle. Attends, que je regarde bien! attends, je vois quelque chose, c'est bon, c'est bon, je le tiens... tu peux te rouler maintenant! Wilhelmine, mets ta tête sur mes genoux... à chacun son tour... tu regarderas les sapins plus tard. »

Et le père, un gros homme en capote vert-bouteille qui faisait mille plis dans le dos, les joues pendantes, le petit nez garni de lunettes, les pantalons dans les bottes, et sa grande pipe de porcelaine à la bouche, tirait la pauvre rosse par la bride, en disant à sa femme :

« Herminia, regarde ces forêts, ces prairies, cette riche Alsace... Nous sommes dans le paradis terrestre. »

C'était un spectacle dans le genre des Bohémiens, et ce jour-là, nous ne parlâmes que de cela durant la soirée.

Mais nous devions en voir bien d'autres, car le passage de ces étrangers, en vieux cabriolets, paniers à salade, chars à bancs, voitures à deux ou quatre roues réquisitionnés en route, allait continuer longtemps. Depuis celle-ci, dont le souvenir m'est resté, cela ne finit plus. Il en passait journellement trois, quatre, cinq, encombrées d'enfants, de vieillards, de jeunes femmes et de jeunes filles fagotées d'une façon singulière, avec des robes qu'il me semblait avoir vues quinze ou vingt ans avant aux dames de Saverne, et de grands chapeaux garnis de roses en papier, sur leurs cheveux jaunes, nattés comme les queues de nos grands-pères.

Et ces gens parlaient toute espèce d'allemand difficile à comprendre. Ils avaient aussi des figures de toute sorte, les unes grosses et bouffies, la barbe vénérable; d'autres en lame de rasoir, la vieille polonaise boutonnée jusqu'au menton, pour cacher la chemise; des êtres aux yeux gris-clair, les favoris roux, durs et hérissés; d'autres petits, ronds, vifs, allant, courant, se démenant; mais tous, à la vue de notre belle vallée, poussaient des cris d'admiration et levaient les mains, hommes, femmes, enfants, comme on raconte des Juifs à leur entrée dans la terre promise.

Ainsi venaient ces gens de toutes les parties de l'Allemagne; ils avaient pris les chemins de fer jusqu'à la frontière; mais toutes nos lignes étant alors occupées par leurs troupes, leurs convois de vivres et de munitions, à partir de Wissembourg ou de Soultz, ils étaient forcés de se faire trimbaler en charrette, à la mode d'Alsace.

Tantôt les uns, tantôt les autres nous demandaient la route pour Saverne, Metting, Lutzelstein; ils descendaient à la source en bas du pont et s'abreuvaient dans une de leurs écuelles ou dans le creux de la main.

Tous les jours ces passages recommençaient. Je me creusais la cervelle pour savoir ce que ces étrangers venaient faire chez nous dans un moment si difficile, où les vivres étaient si rares, où l'on ne savait ce que l'on mangerait le lendemain. Ils n'en soufflaient pas un mot et poursuivaient leur voyage, sous la protection des landwehr qui remplissaient le pays. Nous avons même su par la suite qu'ils participaient aux réquisitions, ce qui leur permettait de faire des économies et de se remonter l'estomac pendant la route.

Or, Georges, tous ces bohémiens d'une nouvelle espèce, dont l'air misérable nous faisait pitié, même au milieu de nos chagrins, étaient les fonctionnaires que l'Allemagne envoyait pour nous administrer et nous gouverner : percepteurs, contrôleurs, greffiers, maîtres d'école, gardes forestiers, qu'est-ce que je sais, moi? Des gens qui, dès le mois de septembre et d'octobre, bien avant le traité de paix, arrivaient tranquillement occuper la place des nôtres, en leur disant sans cérémonie :

« Ote-toi de là, que je m'y mette! »

On aurait dit que c'était entendu d'avance, car il en arriva même avant la reddition de Strasbourg.

Combien de paniers percés, de sacs à bière, de buveurs

de *schnaps*[1], tirant le diable par la queue depuis des années et des années dans toutes les petites villes de la Poméranie, du Brandebourg et de plus loin, qui ne seraient jamais rien devenus chez eux et ne savaient plus à qui demander du crédit, combien de ces gens-là sont tombés alors sur la « riche Alsace », ce paradis terrestre promis aux Allemands par leurs rois, leurs professeurs et leurs maîtres d'école!

Au temps dont je te parle, ils étaient encore modestes, malgré les victoires singulières de leurs armées; ils n'étaient pas encore sûrs de conserver cette chance extraordinaire jusqu'à la fin; en comparant leurs vieux habits râpés et leur air minable, à l'aisance des moindres fonctionnaires de l'Alsace et de la Lorraine, ils se disaient sans doute intérieurement.

« Ça n'est pas possible que le Seigneur Dieu ait choisi des gaillards de notre espèce pour remplir d'aussi bonnes places. Quel mérite extraordinaire avons-nous donc, pour jouer le premier rôle dans un pays pareil, que les Français ont cultivé, planté, enrichi d'usines, de fabriques, d'exploitations de toutes sortes... Pourvu qu'ils ne viennent pas le reprendre et nous forcer de retourner à notre *schnaps!* »

Oui, Georges, avec un peu de bon sens et de justice, ces intrus devaient se tenir ce raisonnement; une sorte d'inquiétude se reconnaissait dans leurs yeux et dans leur sourire. Mais une fois Strasbourg rendu, Metz livré, eux commodément installés dans les grandes et belles maisons qu'ils n'avaient pas bâties, couchés dans les bons lits des préfets, des sous-préfets, des juges et d'autres personnages, dont ils ne s'étaient jamais fait même une idée; après avoir levé des impôts sur les bonnes terres qu'ils n'avaient pas ensemencées, et mis la main sur les registres de toutes les

1. Eau-de-vie.

administrations qu'ils n'avaient pas établies, voyant l'argent, le bon argent de la « riche Alsace » entrer dans leurs caisses, alors, Georges, ils se crurent réellement présidents de quelque chose, inspecteurs, receveurs, contrôleurs, et l'orgueil allemand, qu'ils savent si bien cacher sous la bassesse quand ils ne sont pas les plus forts, cet orgueil brutal gonfla leurs joues.

VII

IL FAUT SAVOIR FAIRE UN ÉCRIT

Durant tout cet hiver, en dehors de mon école, je ne fis que m'occuper du classement de mes plantes et de mes insectes. Je vis qu'il m'en manquait encore un grand nombre, même de ceux du pays, mais au moins leur place vide était marquée d'avance dans les cartons et dans l'herbier. Il ne s'agissait plus que de les trouver, et je me promettais bien de battre les bois, les bruyères et la vallée au printemps pour compléter ma collection.

Je reconnus aussi vers ce temps, avec bonheur, que mes enfants avaient le même goût que moi pour l'étude de la nature; tous les soirs ils venaient me regarder à l'ouvrage; ils m'aidaient même à étendre les feuilles sèches sans les briser, ce qui demande des mains délicates. Je leur donnais aussi toutes les explications à la portée de leur âge, qu'ils écoutaient, ouvrant de grands yeux émerveillés.

La petite Juliette surtout comprenait vite; mais Paul, lui, retenait mieux, il avait la mémoire des choses, ce qui vient surtout de la réflexion; Juliette retenait mieux les noms, elle aurait pu tous les réciter à la file.

Cela m'a fait penser, depuis, qu'aucune étude ne serait meilleure pour l'enfance que celle des végétaux et de tout ce qui se rencontre aux champs, dans les fermes et les jardins. Tout est nouveau pour les enfants; ils en sont plus frappés que nous, et ce qui s'apprend alors se retient toute la vie. Quelle étude aussi pourrait leur être plus utile? Est-ce que toutes les sciences naturelles, la physique, la chimie, la médecine, ne se rattachent pas à celle-là; et l'esprit lui-même pourrait-il trouver une nourriture plus saine, plus solide, plus profitable?

Ce sont les réflexions que je me fis alors, et je ne crois pas m'être trompé.

Ma femme, elle, pendant ce temps, ne pensait plus qu'à la vache que nous devions acheter; elle avait mis de l'ordre dans notre petite étable; elle avait tout disposé pour que le fourrage tombât directement du haut de notre grenier dans le râtelier; enfin tout était prêt, il ne manquait plus que la bête, et Dieu sait le mouvement que Marie-Anne se donnait pour en trouver une à sa convenance.

Tous les mercredis matin, au passage du juif Élias, elle l'attendait, regardant à la petite fenêtre de sa cuisine, et puis elle traversait bien vite la salle à manger, en disant :

« Le voilà !... c'est lui !... Élias est au bout de la rue. »

Le vieux juif, avec sa blouse crasseuse, son bonnet en peau de mouton râpé, la corde autour des reins et le bâton de cormier pendu au poing par un bout de cuir, était reçu comme un ambassadeur. Marie-Anne courait chercher la bouteille d'eau-de-vie et la miche de pain dans l'armoire, pendant qu'Élias, ses petits yeux rouges plissés, s'asseyait en disant d'un air joyeux :

« Cette fois-ci, madame Florence, j'ai trouvé votre affaire. »

Malheureusement Marie-Anne voulait tant de qualités pour sa vache, que souvent, en remontant de ma classe du matin, je les trouvais encore en conférence.

Enfin, ce vieux finaud, qui depuis longtemps sans doute aurait pu nous amener une bonne vache, mais qui, voyant l'enthousiasme de ma femme, trouvait agréable de se faire

IV

ILS M'AIDAIENT A ÉTENDRE LES FEUILLES SÈCHES SANS LES BRISER.

payer la goutte et de casser une croûte gratis tous les mercredis chez nous, Élias vint un matin avec une grande et belle vache, couleur café au lait, deux taches blanches sur le front, le pis ni trop grand ni trop petit, enfin, une bête superbe.

Marie-Anne l'avait vue de loin, elle était déjà en bas. J'entendais ses exclamations de satisfaction dans l'allée, chose contraire à sa finesse ordinaire, et qu'Élias allait vouloir me faire payer argent comptant; mais que voulez-vous? l'idée d'avoir cette belle bête dans notre écurie, de la conduire boire à la fontaine, à travers le village, lui faisait perdre toute prudence.

Puis elle m'appela :

« Florence !... Florence... viens voir !... »

Je descendis avec Paul et Juliette, et je regardais sur la porte cette belle vache, que le vieux juif tenait par une corde passée dans les cornes. J'en fis le tour. Je reconnus, malgré les paroles et les exclamations de ma femme, qui voulait absolument m'entraîner dans ses idées, je reconnus que cette vache avait au moins dix ans, et qu'elle n'était pas fraîche à lait, comme le disait Élias; mais que, sous les autres rapports, elle était bien conformée et forte en chair, ce qui ne manque jamais, lorsque le fourrage, au lieu de faire du lait, fait de la graisse. C'est un bien mauvais signe!

Et comme je ne m'enthousiasmais pas du tout, Marie-Anne se fâcha presque.

« Allons, s'écria-t-elle, dis donc ce que tu penses! Est-ce qu'elle ne te plaît pas, notre vache?

— Je pense, lui dis-je, que pour un peintre qui voudrait peindre une belle vache dans les prés, avec une belle tête, de belles cuisses, un pis pas trop gros et un air majestueux, cette vache lui conviendrait bien, parce qu'elle est belle à la vue; mais pour un fermier, elle ne serait pas belle.

— Comment, pas belle! s'écria ma femme.

— Non ! Pour ceux qui veulent avoir du lait, de la crème, du beurre, du fromage, il faut une vache autrement faite ; il leur en faut une avec un gros ventre tout rond, de gros pis pendants, une grosse tête ; il faut qu'on voie les côtes ; il faut que le pied, au lieu d'être ferme et luisant, soit fourchu et presque mou, comme si elle marchait dans des pantoufles. Ce n'est pas aussi beau qu'une vache qui se promène sur de longues jambes, en allongeant le cou à droite et à gauche, et tournant la tête pour se gratter le dos avec de belles cornes pointues ; non, ce n'est pas aussi beau, mais cela vaut mieux.

— Mon Dieu, dit ma femme, tu parles comme si tu connaissais quelque chose aux bêtes. Cette vache est très belle et bonne. Ne l'écoutez pas, Élias, mon mari ne connaît rien aux animaux, il est toujours dans son école.

— Je vois bien, dit le vieux juif, souriant et nasillant dans sa barbe grise, que M. Florence n'est pas un connaisseur en vaches. Il a lu tout cela dans ses livres...

— Oui, lui dis-je, c'est vrai.

— Hé ? fit-il en secouant la tête et regardant ma femme, qui s'était mise à rire, j'en étais sûr... j'en étais sûr !... Cette vache-ci, voyez-vous, monsieur Florence, j'en réponds. Elle est fraîche à lait, elle n'a pas encore cinq ans ; elle donne sept litres de lait par jour. Encore elle n'était pas jusqu'à présent dans une écurie comme la vôtre, bien propre, bien aérée ; elle n'avait pas le fourrage qu'elle aurait voulu ; elle n'était pas soignée comme elle le sera chez vous.

— Non !... non !... soyez-en sûr, dit Marie-Anne, jamais elle n'aura été si bien.

— Je le sais, madame, dit Élias, et voilà pourquoi je pense qu'au lieu de sept litres elle en donnera huit. C'est moi qui vous le dis ; depuis trois ans que je connais cette belle bête, je puis vous la donner de confiance. Je vous en réponds !

— Tu entends ? dit Marie-Anne.

J'EN FIS LE TOUR.

— Oui, j'entends bien, lui répondis-je, et cela me fait plaisir. Du moment que M. Élias en répond?...

— Sur ma conscience, dit Élias en mettant la main sur son cœur.

— Eh bien, du moment qu'il en répond, nous allons faire un petit acte sous seing privé. »

Ma femme devint toute rouge, comme si je faisais une injure au vieux juif de douter le moins du monde de sa parole, et Élias s'écria :

« Voilà plus de cinquante ans que je vends du bétail au pays, et jamais on ne m'a demandé d'écrit...

— Eh bien, lui dis-je, il faut un commencement à tout.

— Ah! s'écria ma femme d'un air embarrassé, vous savez, Élias, mon mari est secrétaire de la mairie, il aime à tout écrire...

— Oui, madame, mais cela ne se fait jamais, c'est contre la règle.

— La règle, lui dis-je, c'est que tout homme de bon sens aime voir ses affaires au clair. Je veux bien croire que la vache est ce que vous dites; mais puisque vous en êtes sûr, puisque vous en répondez, pourquoi refuser d'écrire?... Moi, je vous compte bien mon argent, vous savez que c'est de l'argent, qu'il a toutes les qualités voulues... Eh bien, mettons par écrit toutes les qualités de la vache, il me semble que c'est juste, que cela ne peut rien vous faire? »

Il n'avait rien à répondre et dit :

« Allons, soit! mais cela ne se fait jamais. »

Il attacha la vache à l'anneau de la porte, et nous montâmes tous ensemble dans mon cabinet, où j'écrivis en détail toutes les qualités de la vache, son âge, en quel temps elle avait mis bas, la quantité de lait qu'elle donnait par jour, enfin tout. Après quoi Élias signa, ne pouvant faire autrement. Je lui comptai cent cinquante francs, et cinq francs pour ses courses; il m'en donna quittance, et je lui dis alors :

« Vous voyez bien, cela n'a pas coûté dix minutes, et maintenant tout est en règle.

— Oui, dit-il, faisant contre mauvaise fortune bon cœur, tout est en règle. C'était inutile, mais pour vous tranquilliser... quand on est de bonne foi... vous comprenez?...

— Je comprends, et je suis tranquille à cette heure; chacun suit ses habitudes. »

Ma femme, toute joyeuse, était allée prendre dans l'armoire une bouteille de kirsch, elle en avait rempli deux petits verres; Élias vida le sien d'un trait, puis, prenant son bâton dans un coin :

« Allons, au revoir, » fit-il.

Nous descendîmes sur ses talons, ma femme, les enfants et moi. On conduisit la vache à l'écurie, le râtelier était plein de fourrage ; et comme la vache ne voulait pas manger tout de suite, le juif dit qu'elle était fatiguée de la course, mais qu'elle allait s'y mettre, et que nous aurions le soir même nos trois litres et demi de lait.

Je fis semblant de le croire et il partit.

Marie-Anne était si contente, qu'elle ne songea plus à me reprocher d'avoir douté d'un aussi brave homme qu'Élias. C'était l'heure d'entrer à l'école; Paul et Juliette m'y suivirent.

Ce même soir la vache nous donna quatre litres de lait; cela ne m'étonna pas, pensant bien qu'avant de l'amener, Élias l'avait laissée deux ou trois jours sans la traire, comme font tous les juifs pour lui donner un beau pis. Ma femme triomphait; je lui dis d'attendre et nous allâmes dormir. Le lendemain, la vache avait mangé très raisonnablement, elle nous donna deux litres de lait le matin et deux litres le soir ; et durant huit jours cela continua de même, malgré tous les soins de Marie-Anne, qui ne disait plus un mot. Moi, le huitième jour, je taillai ma plume et j'écrivis à Élias qu'il eût à venir reprendre sa vache, et nous en amener une autre, qui donnât pour le moins sept litres de lait, attendu que celle-là, malgré tout, n'en donnait que quatre. Je l'avertis que cela pressait et que nous l'attendions sans faute pour le lendemain.

Le lendemain il arriva sans vache. Il regarda, il soutint tout ce qu'il avait avancé d'abord, et prétendit que le fourrage n'était pas bon. Ma femme m'avait laissé seul avec lui. Je lui dis que le fourrage était excellent, qu'on n'en trouvait pas de meilleur au pays; mais que sa vache était vieille, qu'elle avait fait veau depuis longtemps et qu'elle était épuisée, toutes choses qu'il savait aussi bien que moi.

« Eh bien, dit-il, ce soir ou demain je vous en amènerai une autre.

— Allons, soit, nous verrons! »

En effet, le lendemain il arrivait avec une seconde vache, encore plus vieille que la première, qui mangeait plus et donnait encore moins de lait.

Marie-Anne était consternée, et moi, l'indignation me gagnait. C'est pourquoi j'écrivis à Élias que s'il continuait à me prendre pour un âne, et s'il ne m'amenait pas une vache jeune, fraîche à lait, ayant toutes les qualités mises par écrit dans notre contrat, je serai forcé de lui envoyer une assignation à comparaître devant le juge de paix, pour lui demander l'exécution de ses promesses, avec des dommages-intérêts proportionnés à la perte que nous avait causée le retard. Je ne lui donnai que deux jours pour s'exécuter, ne voulant pas voir avaler tout notre foin par de vieilles bêtes hors de service.

La lettre partit le soir, par le facteur, et le lendemain, à dix heures du matin, Élias était là, nous amenant une petite vache de la montagne, la tête grosse, les cornes longues, écartées, les yeux vifs, le ventre en forme de tonneau, le pis fort, les jambes courtes, un peu cagneuses.

Du premier coup d'œil je vis que nous avions une bonne bête, et je dis en souriant :

« A la bonne heure, monsieur Élias, à la bonne heure, je

crois que cette fois vous avez eu la main heureuse. Revenez dans quinze jours, et si...

— Je n'aurai pas besoin de revenir, fit-il, c'est une des meilleures vaches de la montagne; vous n'en voudrez jamais d'autre. Mais c'est égal, monsieur Florence, vous avez eu tort de m'écrire comme cela, tout le monde peut se tromper ou être trompé; moi, je croyais toujours vous amener une bonne vache; je n'ai pas eu de chance, voilà tout.

— Cette fois, lui répondis-je, vous en avez eu, j'en suis sûr; avec de la persévérance, on arrive tôt ou tard. »

Il partit là-dessus.

Notre petite vache se mit tout de suite à manger de bon appétit, et le soir nous avions trois litres et demi de lait crémeux, le lendemain matin autant, et, depuis, cela n'a jamais manqué durant des années.

Quelques jours après, voulant montrer à mes élèves combien il est utile de savoir rédiger soi-même un acte sous seing privé, je leur racontais cette histoire, afin de leur faire, pour ainsi dire, toucher la chose du doigt.

« Voyez, leur dis-je, ce qui serait arrivé, si je n'avais pas eu mon papier en poche; le vieux juif aurait trouvé très agréable de garder mon argent et de me laisser sa mauvaise vache, et je n'aurais pu le forcer à tenir sa parole, j'aurais été volé! Apprenez donc à rédiger vous-même ces petits écrits, qui font la sécurité des honnêtes gens, car il y a beaucoup de Schmoulé dans ce monde, parmi les chrétiens comme parmi les juifs. »

VIII

LA MÈRE BALAIS.

Lorsque mon père, Nicolas Clavel, bûcheron à Saint-Jean-des-Choux, sur la côte de Saverne, mourut au mois de juin 1837, j'avais neuf ans. Notre voisine, la veuve Rochard, me prit chez elle quinze jours ou trois semaines, et personne ne savait ce que j'allais devenir. La mère Rochard ne pouvait pas me garder ; elle disait que nos meubles, notre lit et le reste ne payeraient pas les cierges de l'enterrement, et que mon père aurait bien fait de m'emmener avec lui.

En entendant cela, j'étais effrayé ; je pensais :

« Mon Dieu ! qui est-ce qui voudra me prendre ? »

Durant ces trois semaines, nous cherchions des myrtilles et des fraises au bois, pour les vendre en ville, et je pouvais bien en ramasser cinq ou six chopines par jour ; mais la saison des myrtilles passe vite, la saison des faînes arrive bien plus tard, en automne, et je n'avais pas encore la force de porter des fagots.

Souvent l'idée me venait que j'aurais été bien heureux de mourir.

A la fin de ces trois semaines, un matin que nous étions sur notre porte, la mère Rochard me dit :

« Tiens, voilà ton cousin Guerlot, le marchand de poisson ; qu'est-ce qu'il vient donc faire dans ce pays ? »

Et je vis un gros homme trapu, la figure grasse et grêlée, le nez rond, un grand chapeau plat sur les yeux et des guêtres à ses jambes courtes, qui venait.

« Bonjour, Monsieur Guerlot, » lui dit la mère Rochard.

Mais il passa sans répondre, et poussa la porte de la maison de mon père, en criant :

« Personne ? »

Ensuite il ouvrit les volets, et presque aussitôt une grande femme rousse, en habit des dimanches, le nez long et la figure rouge, entra derrière lui dans la maison. La mère Rochard me dit :

« C'est ta cousine Hoquart, elle vend aussi du poisson ; s'ils trouvent quelque chose à pêcher chez vous, ils seront malins. »

Et de minute en minute d'autres arrivaient : M. le juge de paix Dolomieu, de Saverne ; son secrétaire, M. Latouche, des cousins et des tantes, tous bien habillés ; et seulement à la fin notre maire, M. Binder, avec son grand tricorne et son gilet rouge. Comme il passait, la mère Rochard lui demanda :

« Qu'est-ce que tous ce gens-là viennent donc faire chez Nicolas Clavel, monsieur le maire ?

— C'est pour l'enfant, » dit-il en s'arrêtant, et me regardant d'un air triste.

Et voyant que j'étais honteux à cause de ma pauvre veste déchirée, de mon vieux pantalon, de mes pieds nus, il dit encore :

« Pauvre enfant ! »

Ensuite il entra. Quelques instants après, la mère Rochard me fit entrer aussi, pour voir ce qui se passait, et j'allai me mettre sous la cheminée près de l'âtre.

Tous ces gens étaient assis autour de notre vieille table, sur les bancs, se disputant entre eux, reprochant à mon père et à ma mère de s'être mariés, de n'avoir rien amassé, d'avoir été des fainéants, et d'autres choses pareilles que je savais bien être fausses, puisque mon pauvre père était mort à la peine. Tantôt l'un, tantôt l'autre se mettait à crier ; personne ne voulait me prendre. M. le juge de paix, un homme grave, le front haut, les écoutait ; et de temps en temps, quand ils criaient trop, il les reprenait en leur disant : — que je n'étais pas cause de ce malheur... ; que les reproches contre mon père et ma mère ne servaient à rien... ; qu'on devait tout pardonner aux malheureux, quand même ils auraient eu des torts... ; qu'il fallait surtout songer aux enfants, etc. ; — mais la fureur chaque fois devenait plus grande. Moi, sous la cheminée, je ne disais rien, j'étais comme un mort. Aucun de ceux qui criaient ne me regardait.

« Il faut pourtant s'entendre, dit à la fin M. le juge de paix. Voyons... Cet enfant ne peut pas rester à la charge de la commune... Vous êtes tous des gens riches... aisés... Ce serait une honte pour la famille. Monsieur Guerlot, parlez. »

Alors le gros marchand de poisson se leva furieux et dit :

« Je nourris mes enfants, c'est bien assez !

— Et moi je dis la même chose, cria la grande femme rousse. Je nourris mes enfants ; les autres ne me regardent pas. »

Et tous se levaient, en criant que c'était une abomination de leur faire perdre une journée pour des choses qui ne les regardaient pas. Le juge de paix était tout pâle. Il dit encore.

« Cet enfant vous regarde pourtant plus que la commune, je pense ; c'est votre sang ! S'il était riche, vous seriez ses héritiers, et je crois que vous ne l'oublieriez pas.

— Riche, lui ! criait le marchand de poisson, ha ! ha ! ha ! »

Moi, voyant cela, j'avais fini par sangloter ; et, comme le juge de paix se levait, je sortis en fondant en larmes. J'allai m'asseoir dehors, sur le petit banc, à la porte. Les cousins et les cousines sortaient aussi d'un air de ne pas me voir. Mon cousin Guerlot soufflait dans ses joues, en s'allongeant les bretelles sous sa capote avec les pouces, et disait :

« Il fait chaud... une belle journée ! Hé ! commère Hoquart ?

— Quoi ?

— On pêche l'étang de Zeller après-demain ; est-ce que nous serons de moitié ? »

Ils s'en allaient tous à la file, le juge de paix, le greffier, le maire, les cousins, les cousines ; et la mère Rochard disait :

« Te voilà bien maintenant... Personne ne te veut ! »

Je ne pouvais plus reprendre haleine, à force de pleurer. Et pendant que j'étais là, la figure toute mouillée, j'entendais les parents s'en aller, et quelqu'un venir par en haut, en descendant la ruelle des Vergers, au milieu du grand bourdonnement des arbres et de la chaleur.

« Hé ! bonjour, mère Balais, s'écria la mère Rochard. Vous venez donc tous les ans acheter nos cerises ?

— Hé ! dit cette personne, mais oui. Je ne fais pas les cerises, j'en vends : il faut que je les achète pour les vendre.

— Sans doute. Et sur les arbres on les cueille plus fraîches. »

Je ne regardais pas, j'étais dans la désolation.

Comme cette personne s'était arrêtée, je l'entendis demander :

« Pourquoi donc est-ce que cet enfant pleure ? »

Et tout de suite la mère Rochard se mit à lui raconter que mon père était mort, que nous n'avions rien, que les parents ne voulaient pas de moi et que j'allais rester à la charge de la commune. Alors je sentis la main de cette personne me passer dans les cheveux lentement, pendant qu'elle me disait comme attendrie :

« Allons ! regarde un peu... que je te voie. »

Je levai la tête. C'était une grande femme maigre, déjà

« POURQUOI DONC EST-CE QUE CET ENFANT PLEURE? »

vieille, le nez assez gros, avec une grande bouche et des dents encore blanches. Elle avait de grandes boucles d'oreilles en anneaux, un mouchoir de soie jaune autour de la tête, et un panier de cerises sous le bras. Elle me regardait en me passant toujours sa longue main dans les cheveux, et disait :

« Comment, ils ne veulent pas de lui? Mais c'est un brun superbe... Ils ne veulent pas de lui?

— Non, répondait la mère Rochard.

— Ils sont donc fous?

— Non, mais ils ne veulent pas de cette charge.

— Une charge?... un garçon pareil! Tu n'as rien? Tu n'es pas bossu?... Tu n'es pas boiteux? »

Elle me tournait et me retournait, et s'écriait comme étonnée :

« Il n'a rien du tout! »

Ensuite elle me disait :

« Est-ce que tu as besoin de pleurer, nigaud? Oh! les gueux... ils ne veulent pas d'un enfant pareil? »

Notre maire, qui revenait après avoir reconduit M. le juge de paix au bas du village, dit aussi :

« Bonjour, madame Balais. »

Et elle, se tournant, s'écria :

« Est-ce que c'est vrai qu'on ne veut pas de ce garçon?

— Mon Dieu! oui, c'est vrai, répondit le maire; il reste à la charge de la commune.

— Eh bien! moi, je le prends.

— Vous le prenez? dit le maire en ouvrant de grands yeux.

— Oui, je le prends à mon compte, si la commune veut, bien entendu.

— Oh! la commune ne demande pas mieux. »

En entendant cela, la vie me revenait. Je glorifiais en quelque sorte le Seigneur, pendant que cette dame m'essuyait la figure et me demandait :

« Tu as mangé ? »

La mère Rochard répondit que nous avions mangé notre soupe aux pommes de terre le matin.

Alors elle sortit de sa poche un morceau de pain blanc qu'elle me donna, et dit :

« Prends aussi des cerises dans mon panier, et allons-nous-en.

— Attendez que je lui donne son paquet, s'écria la mère Rochard, en courant chercher dans un mouchoir mes souliers et mes habits des dimanches. — Voilà ! je n'ai plus rien à toi, » dit-elle en me donnant le paquet.

Et nous partîmes.

« Ah ! l'on ne voulait pas de toi ! disait la dame ; faut-il qu'on trouve des gens bêtes dans le monde ? Ça fait suer, parole d'honneur ! ça fait suer. Comment t'appelles-tu ?

— Je m'appelle Jean-Pierre Clavel, madame.

— Eh bien ! Jean-Pierre, je te garde, et bien contente encore de t'avoir. Prends-moi la main. »

Elle était très grande, et je marchais près d'elle, la main en l'air.

Devant le petit bouchon de *la Pomme de pin*, au bout du village, stationnait la charrette du charbonnier Élie, sa petite *bique* rousse devant, à l'ombre du hangar, et, dans la charrette se trouvaient trois grands paniers de cerises.

Le vieux Élie, avec son large feutre noir et sa petite veste de toile, regardait du haut de l'escalier en dehors ; il s'écria :

« Est-ce que nous partons, madame Balais ?

— Oui, tout de suite. Attendez que je prenne un verre de vin, et mettez l'enfant sur la charrette.

— Mais c'est le petit de Nicolas Clavel ?

— Justement ! il est maintenant à moi. »

L'aubergiste Bastien, ses deux filles et un hussard regardaient à la fenêtre du bouchon. Madame Balais, en montant l'escalier, racontait que je pleurai comme un pauvre caniche abandonné par ses gueux de maîtres, et qu'elle me prenait. En même temps elle disait, toute réjouie :

« Regardez-le ! On l'aurait fait exprès, avec ses cheveux bruns frisés, qu'on ne l'aurait pas voulu autrement. Allons, dépêchez-vous d'atteler, Élie, et mettez l'enfant avec les cerises. »

Le hussard, les deux filles et le père Bastien criaient :

« A la bonne heure, madame Balais ! c'est bien !... ça vous portera bonheur. »

Elle, sans répondre, entra vider sa chopine de vin. Ensuite elle sortit en criant :

« En route ! »

Et nous commençâmes à descendre la côte, moi sur la charrette, — ce qui ne m'était jamais arrivé, — Élie devant, tenant sa vieille *bique* par la bride, et madame Balais derrière, qui me disait à chaque instant :

« Mange des cerises, ne te gêne pas ; mais prends garde d'avaler trop de noyaux. »

Qu'on se figure ma joie et mon attendrissement d'être sauvé ! J'en étais dans l'étonnement. Et, du haut de la charrette, qui descendait pas à pas le chemin creux bordé de houx, je regardais Saverne au fond de la vallée, avec sa vieille église carrée, sa grande rue, ses vieux toits pointus, — où montent des étages de lucarnes en forme d'éteignoirs, — la place et la fontaine : tout cela blanc de soleil. Cent fois j'avais vu ces choses de la Rochecreuse, mais alors je ne songeais qu'à garder les vaches, à réunir les chèvres au milieu des bruyères. A cette heure, je pensais :

« Tu vas demeurer en ville, dans l'ombre des rues ! »

Près de la belle fontaine entourée d'aunes et de grands saules pleureurs, au bord de la route, la *bique* d'Élie reprit haleine un instant. Madame Balais but une bonne gorgée d'eau, en se penchant au goulot. Il faisait une grande chaleur et l'on aurait voulu rester là jusqu'au soir. Mais nous repartîmes ensuite lentement, à l'ombre des peupliers, jusqu'à l'entrée de Saverne.

En voyant de loin la jolie maison couverte d'ardoises bleues, — un petit balcon et des volets verts autour, — qui s'avance à la montée, je pensais qu'un prince demeurait là pour sûr.

Nous entrâmes donc en ville sur les trois heures, en remontant la grande rue; et, vers le milieu, plus loin que la place du Marché, nous en prîmes une autre à droite, la petite rue des Deux-Clefs, où le soleil descendait entre les cheminées, le long des balcons vermoulus et des murs décrépits. La mère Balais disait en riant :

« Nous arrivons, Jean-Pierre. »

Moi, j'ouvrais de grands yeux, n'ayant jamais rien vu de pareil. Bientôt la charrette s'arrêta devant une vieille maison étroite, la fenêtre en bas, — plus large que haute, — garnie de petites vitres rondes et d'écheveaux de chanvre pendus à l'intérieur.

C'était la maison d'un tisserand. Une femme de trente-cinq à quarante ans, les cheveux bruns roulés en boucles sur les joues, les yeux bleus et le nez un peu relevé, nous regardait de la petite allée noire.

« Hé! c'est vous, madame Balais ? s'écria-t-elle.

— Oui, madame Dubourg, répondit la mère Balais; et je vous amène encore quelqu'un.... mon petit Jean-Pierre, que vous ne connaissez pas. Regardez un peu ce pauvre *bichon*. »

Elle me prenait dans ses mains, et m'embrassait en me posant à terre.

Ensuite nous entrâmes dans une petite chambre grise, où le vieux métier, le fourneau de fonte, la table, et les écheveaux pendus à des perches au plafond, encombraient tous les coins. Avec les corbeilles de bobines, le vieux fauteuil à crémaillère et l'horloge au fond, dans son étui de noyer, on ne savait pas comment se retourner. Mais c'était encore

BIENTOT LA CHARRETTE S'ARRÊTA.

bien plus beau que notre pauvre baraque de Saint-Jean-des-Choux ; c'était magnifique, des écheveaux de chanvre et des rouleaux de toile, quand on n'avait vu que nos quatre murs et notre bûcher derrière, presque toujours vide. Oui, cela me paraissait une grande richesse.

Madame Balais racontait comment elle m'avait pris. L'autre dame ne disait rien, elle me regardait. Je m'étais mis contre le mur, sans oser lever les yeux. Comme la mère Balais venait de sortir pour aider le voiturier à décharger les cerises, cette dame s'écria :

« Dubourg, arrive donc ! »

Et je vis entrer par une porte à droite, couverte d'écheveaux, un petit homme maigre et pâle, la tête déjà grisonnante, et l'air bon, avec une jolie petite fille toute rose, les yeux éveillés, qui mangeait une grosse tartine de fromage blanc.

« Tiens, regarde ce que la mère Balais nous ramène de Saint-Jean-des-Choux, dit la dame ; ses parents, les Hoquart et les Guerlot ne voulaient pas de lui, elle l'a pris à sa charge.

— Cette mère Balais est une brave femme, répondit l'homme attendri.

— Oui, mais se mettre une charge pareille sur le dos !

— Mon Dieu ! fit l'homme, elle est seule... l'enfant l'aimera.

— Mais il n'a rien ! s'écria la femme, — qui venait d'ouvrir mon petit paquet sur ses genoux, et qui regardait ma pauvre petite veste des dimanches, ma chemise et mes souliers, — il n'a rien du tout ! Et puis, où le coucher ?

— Hé ! s'écria la mère Balais, en rentrant et posant au bord du métier son dernier panier de cerises, ne vous inquiétez donc pas tant, madame Madeleine. Nous trouverons bien un matelas, une couverture, c'est la moindre des choses. Et près de ma chambre, j'ai le petit fruitier pour mettre son lit ; le petit dormira là comme un dieu. —

Allons, embrassez-vous, » fit-elle en m'amenant la petite fille, qui me regardait sans rien dire, ses beaux yeux bleus tout grands ouverts, et qui m'embrassa de bon cœur, en me barbouillant le nez.

Tout le monde riait, et je reprenais courage. Madame Rivel, la femme du vitrier qui demeurait au second, passait dans l'allée ; on l'appela. C'était une toute petite femme, avec un gros bonnet piqué, le fichu croisé sur la poitrine et la petite croix d'or au cou.

La mère Balais voulut aussi lui raconter mon histoire; deux ou trois voisines, appuyées sur la fenêtre ouverte, écoutaient; et ce qui s'élevait de malédictions contre les Hocquart et les Guerlot n'est pas à dire : on les traitait de gueux, on leur prédisait la misère. Madame Madeleine avait aussi fini par s'apaiser.

« Puisque c'est comme cela, tout ce que je demande, disait-elle, c'est qu'il ne fasse pas trop de bruit dans la maison. Mais les garçons...

— Bah! répondait le père Antoine, quand le métier marche, on n'entend rien. Il faut aussi que les enfants s'amusent, et la petite ne sera pas fâchée d'avoir un camarade. »

Finalement, la mère Balais reprit son panier sur sa tête et me dit :

« Arrive, Jean-Pierre. En attendant l'héritage, nous allons toujours faire une bonne soupe aux choux, et puis nous verrons pour le coucher. »

Elle entra dans l'allée, et je repris sa main, bien content de la suivre.

II

Nous avions trois étages à monter : le premier était aux Dubourg, le deuxième aux Rivel, et le troisième, sous les tuiles, à nous. C'était tout gris, tout vermoulu; les petites fenêtres de l'escalier regardaient dans la cour, où passait une vieille galerie, sur laquelle les Dubourg faisaient sécher leur linge. C'est là qu'il fallait entendre, en automne, pleurer et batailler les chats pendant la nuit; on ne pouvait presque pas s'endormir.

Au-dessus se trouvait encore le colombier, avec son toit pointu et ses grands clous rouillés autour de la lucarne, pour arrêter les fouines. Mais les ardoises tombaient de jour en jour, et les pigeons n'y venaient plus depuis longtemps.

Voilà ce que je voyais en grimpant chez nous. La mère Balais, qui me donnait la main dans le petit escalier sombre, disait :

« Tiens-toi droit! efface tes épaules! ne marche pas en dedans! Je te dis que tu seras un bel homme; mais il faut avoir du cœur, il ne faut pas pleurer. »

Elle ouvrit en haut une porte qui se fermait au loquet, et nous entrâmes dans une grande chambre blanchie à la chaux, avec deux fenêtres en guérite sur la rue, un petit fourneau de fonte au milieu, — le tuyau en zigzag, — et une grande table de chêne au fond, où la mère Balais hachait sa ciboule, ses oignons, son persil et ses autres légumes pour faire la cuisine.

Au-dessus de la table, sur deux planches, étaient les assiettes peintes, la soupière ronde, et deux ou trois bouteilles avec des verres; dans un tiroir se trouvaient les cuillers et les fourchettes en étain; dans un autre, la chandelle, les allumettes, le briquet; au-dessous, la grosse cruche à eau.

Avec le grand lit à rideaux jaunes dans un enfoncement, la grande caisse couverte de tapisserie au pied du lit et trois chaises, cela faisait tout notre bien.

Contre le mur du pignon, au-dessus de la table, le portrait de M. Balais, ancien capitaine au 27e de ligne, le grand chapeau à cornes et ses deux glands d'or en travers des épaules, les yeux gris clair, les moustaches jaunes et les joues brunes, avait l'air de vous regarder en entrant. C'était un homme superbe, avec sa tête toute droite dans son haut collet bleu ; la mère Balais disait quelquefois.

« C'est Balais, mon défunt, mort au champ d'honneur le 21 juin 1813, à la retraite de Vittoria, dans l'arrière-garde. »

Alors elle serrait les lèvres et continuait à faire son ménage, toute pensive, sans parler durant des heures.

A gauche de la grande chambre s'ouvrait le fruitier, qui n'était que le grenier de la maison ; ses lucarnes restaient ouvertes en été ; mais, quand la neige commençait à tomber, sur la fin de novembre, on les fermait avec de la paille. Les fruits, en bon ordre, montaient sur trois rangées de lattes, et la bonne odeur se répandait partout.

A droite se trouvait encore un cabinet, la fenêtre sur le toit de la cour. Dans ce cabinet, j'ai dormi des années ; il n'avait pas plus de huit pieds de large sur dix à douze de long ; mais il y faisait bien bon, à cause de la grande cheminée appliquée contre, où passait toute la chaleur de la maison. Jamais l'eau n'y gelait dans ma cruche en plein hiver.

Combien de fois depuis, songeant à cela, je me suis écrié :

« Jean-Pierre, tu ne trouveras plus de chambre pareille ! »

J'aime autant vous raconter ces choses tout de suite, pour vous faire comprendre ma surprise de trouver un si beau logement.

Les paniers de cerises étaient tous rangés à terre ; madame Balais commença par les porter dans le fruitier ; ensuite elle revint avec une belle tête de choux, des poireaux et quelques grosses pommes de terre, qu'elle déposa sur la table d'un air de bonne humeur. Elle sortit du tiroir le pain, le sel, le poivre, avec un morceau de lard; et comme je voyais d'avance ce qu'elle voulait faire, je pris aussitôt la hachette pour tailler du petit bois. Elle me regardait en souriant, et disait :

« Tu es un brave enfant, Jean-Pierre. Nous allons être heureux ensemble. »

Elle batit le briquet, et c'est moi qui fis le feu pendant qu'elle épluchait la tête du chou et qu'elle pelait les pommes de terre.

« Oui, disait-elle, tes parents sont des gueux! Mais je suis sûre que tes père et mère étaient de braves gens. »

Ces paroles me forcèrent encore une fois de pleurer. Alors elle se tut. Et, l'eau sur le feu, les légumes dedans, elle ouvrit ma chambre et sortit un matelas de son propre lit, pour faire le mien; elle prit une couverture piquée et des draps blancs dans la grande caisse, et m'arrangea tout proprement, en disant :

« Tu seras très bien. »

Je la regardais dans le ravissement. La nuit venait. Cela fait, vers les sept heures et demie, elle coupa le pain et servit la soupe dans deux grosses assiettes creuses, peintes de fleurs rouges et bleues, que je crois voir encore, en s'écriant joyeusement :

« Allons, Jean-Pierre, assieds-toi et dis-moi si notre soupe est bonne.

— Oh! oui, lui dis-je, rien qu'à l'odeur elle est bien bonne, madame Balais.

— Appelle-moi mère Balais, dit-elle, j'aime mieux ça. Et maintenant souffle, petit, et courage. »

Nous mangeâmes; jamais je n'avais goûté d'aussi bonne soupe. La mère Balais m'en donna de nouveau deux grosses cuillerées, et me voyant si content elle me disait en riant :

« Tu vas devenir gras comme un chanoine d'Estramadure. »

Ensuite, j'eus encore du lard avec une bonne tranche de pain; de sorte que mon âme bénissait le Seigneur d'avoir empêché les Hocquart et les Guerlot de me prendre; car ces gens avares m'auraient fait garder les vaches et manger des pommes de terre à l'eau jusqu'à la fin de mes jours. Je le disais à la mère Balais, qui riait de bon cœur et me donnait raison.

Il faisait nuit, la chandelle brillait sur la table. Madame Balais, ayant levé les couverts, se mit à visiter sa grande caisse, en rangeant sur le lit tous les vieux habits et les chemises qui lui restaient de son défunt. Moi, assis sur la pierre du petit fourneau, les genoux pliés entre les mains, je la regardais avec un grand attendrissement, pensant que l'esprit de mon père était en elle pour me sauver. Elle disait de temps en temps.

« Ceci peut encore servir; ça, nous verrons. »

Ensuite elle s'écriait :

« Tu ne parles pas, Jean-Pierre. Qu'est-ce que tu penses?

— Je pense que je suis bien heureux.

— Eh bien! disait-elle, ça fait que nous sommes heureux tous les deux. Nous n'avons pas besoin des Guerlot, ni des Dubourg, ni de personne. Nous en avons vu bien d'autres en Allemagne, en Pologne et en Espagne... Voilà que Balais nous porte encore secours... Vois-tu, Jean-Pierre, là-bas, comme il nous regarde? »

Ayant tourné la tête, je crus qu'il nous regardait, et cela me fit peur; je me rappelai les prières du village, que je récitai en moi-même.

Finalement, sur les dix heures, la mère Balais s'écria :

« Tout va bien... Allons, arrive, tu dois avoir sommeil.

— Oui, mère Balais.

— Tant mieux! je peux t'en dire autant pour mon compte. »

Nous entrâmes dans ma petite chambre; elle posa la chandelle à terre et me fit coucher, en me relevant la tête avec un oreiller. Ensuite, me tirant la grande couverture à fleurs jusqu'au menton :

« Dors bien, dit-elle, il ne faut pas te gêner. Tu n'es pas plus bête que beaucoup d'autres qui ne se gênent jamais. Allons !... »

Puis elle s'en alla.

J'aurais bien voulu penser à mon grand bonheur; mais j'avais si sommeil et j'étais si bien, que je m'endormis tout de suite.

III

Jamais je n'ai mieux dormi que cette nuit-là. Quel bonheur de savoir qu'on a trouvé son nid. Ce sont des choses qui vous reviennent au milieu du sommeil, et qui vous aident à bien dormir.

Au petit jour, comme le soleil commençait à grisonner la fenêtre, je m'éveillai doucement. On entendait le bruit du métier dans la vieille maison; le père Antoine Dubourg faisait déjà courir sa navette entre les fils, et ce bruit, je devais l'entendre dix ans! Le tic-tac du vieux métier m'est toujours resté dans l'oreille et même au fond du cœur.

Comme j'écoutais, voilà que la mère Balais se lève dans sa chambre. Elle bat le briquet, elle ouvre sa fenêtre pour renouveler l'air; elle allume du feu dans son petit poêle et met ses gros sabots, pour aller chercher notre lait chez madame Stark, la laitière du coin. Je l'entends descendre, et je pense :

« Qu'est-ce qu'elle va faire. »

Dehors, dans la cour, un coq chantait comme à Saint-Jean-des-Choux; des charrettes passaient dans la rue, la ville s'éveillait. Quelques instants après, les sabots remontèrent : la mère Balais rentre, elle prépare son café, elle met le lait au feu; puis la porte s'ouvre tout doucement, et la bonne femme, qui ne m'entendait pas remuer, regarde; elle me voit les yeux ouverts comme un lièvre, et me dit :

« Ah! ah! voyez-vous... il fait la grasse matinée!... Oh! ces hommes, ça ne pense qu'à se dorloter... c'est dans le sang!... Allons, Jean-Pierre, allons, un peu de courage! »

Je m'étais levé bien vite, et j'avais déjà tiré ma culotte. Enfin, elle me fit asseoir sur ses genoux, pour m'aider à mettre mes souliers, et puis, en passant sa grande main dans mes cheveux en souriant, elle dit :

« Conduis-toi bien et tu seras beau... oui... tu seras beau .. Mais il ne faut pas être trop fier. Va maintenant te laver à la pompe en bas; lave-toi la figure, le cou, les mains... La propreté est la première qualité d'un homme. Il ne faut pas avoir peur de gâter l'eau, Jean-Pierre, elle est faite pour cela.

— Oui, mère Balais, » lui répondis-je en descendant le vieil escalier tout roide.

Elle, en haut, penchée sur la rampe, avec son grand mouchoir jaune autour de la tête et ses boucles d'oreilles en argent, me criait :

« Prends garde de tomber! prends garde! »

Ensuite elle rentra dans sa chambre. J'aperçus au bas de l'escalier l'entrée de la cour, à gauche, au fond de l'allée, et la petite cuisine des Dubourg ouverte à droite; le feu brillait sur l'âtre, éclairant les casseroles et les plats. Madame Madeleine s'y trouvait; je me dépêchai de lui dire :

« Bonjour, madame Madeleine. »

Et de courir à la pompe, où je me lavai bien. Il faisait déjà chaud, le soleil arrivait dans la cour comme au fond d'un puits. Sur la balustrade de la galerie, un gros chat gris faisait semblant de dormir au soleil, les poings sous le ventre, pendant que les moineaux, en l'air, s'égosillaient et bataillaient dans les chéneaux.

Je regardais et j'écoutais ces choses nouvelles, en me séchant près de l'auge, quand la petite Annette Dubourg, du fond de l'allée, se mit à crier :

« Jean-Pierre, te voilà !

— Oui, lui dis-je, me voilà. »

Nous étions tout joyeux, et nous riions ensemble; mais madame Madeleine cria de la cuisine :

« Annette... Annette... ne fais donc pas la folle... laisse Jean-Pierre tranquille ! »

Alors je remontai bien vite. La mère Balais, en me voyant bien propre, bien frais, fut contente.

« C'est comme cela qu'on doit être, dit-elle. Maintenant prenons le café, et puis nous irons à la halle. »

Les tasses étaient déjà sur la table. Pour la première fois de ma vie je pris le café au lait, ce que je trouvai très bon, et même meilleur que la soupe. Ensuite il fallut balayer les chambres, laver nos écuelles et mettre tout en ordre.

Vers sept heures, nous descendîmes. La mère Balais portait un de nos paniers de cerises sur sa tête, et moi la balance et les poids dans une corbeille. C'est ainsi que nous sortîmes. Il faisait beau temps.

En remontant la grande rue, le bonnetier, l'épicier et les autres marchands, en bras de chemise sur la porte de leurs boutiques, qu'ils venaient d'ouvrir, nous regardaient passer. Le bruit s'était déjà répandu que la mère Balais avait pris à son compte un enfant de Saint-Jean-des-Choux, et plus d'une ne pouvait le croire. Deux ou trois connaissances du marché, la laitière Strak, la marchande de sabots, lui demandaient :

« Est-ce vrai que cet enfant est à vous ?

— Oui, c'est vrai, disait-elle en riant. C'est rare à mon âge, d'avoir un enfant qui mange de la soupe en venant au monde. Ça me rend glorieuse. »

Et les gens riaient. Nous arrivâmes bientôt sur la place de l'ancien palais des évêques de Saverne.

Nous avions là notre baraque en planches, près de cinq ou six autres, — où l'on vendait de la viande fumée, de la bonneterie et de la poterie, — sous les acacias. Le soleil nous réjouissait la vue, et nous étions assis à l'ombre, le panier de cerises devant nous. Les servantes, les hussards, venaient acheter de nos cerises, à trois sous la livre; et les enfants venaient aussi nous en demander pour deux liards.

Ces choses m'étonnaient, ne les ayant jamais vues. Deux ou trois fois la mère Balais me dit de sortir sur la place, pour faire connaissance avec des camarades. A la fin je sortis, et tout de suite les autres m'entourèrent, en me demandant :

« D'où c... que tu viens ? »

Je leur re...dais comme je pouvais. Finalement, un grand roux, le fils du serrurier Materne, me tira la chemise du pantalon par derrière, pour faire rire les gens, et, dans le même instant, j'entendis la mère Balais me crier de loin :

« Tombe dessus, Jean-Pierre ! »

Alors j'empoignai ce grand Materne, méchant comme un âne rouge, et du premier coup je le roulai par terre. La mère Balais criait :

« Courage, Jean-Pierre !... Donne-lui son compte !... Ah ! le gueux ! »

Les autres virent en ce jour que j'étais fort, c'est pourquoi tous en ville disaient :

« Le garçon de la mère Balais est fort ! Il est de Saint-Jean-des-Choux ; il a gardé les chèvres et les vaches ; il est très fort ! »

Et j'avais de la considération partout. Le grand Materne et son frère Jérôme m'en voulaient beaucoup, mais ils n'osaient rien en dire. La mère Balais paraissait toute joyeuse :

« C'est bien, disait-elle, je suis contente ! Il ne faut jamais

« COURAGE, JEAN-PIERRE, DONNE-LUI SON COMPTE! »

attaquer personne; mais il ne faut pas non plus se laisser manquer; c'est à ça qu'on reconnaît les hommes. Celui qui se laisse manquer n'a pas de cœur. »

Elle se réjouissait. Vers cinq heures, ayant vendu nos cerises, nous rentrâmes à la maison faire notre cuisine, souper et dormir.

Ces choses se renouvelaient de la sorte tous les jours. Tantôt nous avions du soleil, tantôt de la pluie. Après les cerises, la mère Balais vendit des petites poires, après les poires, des prunes, etc. Elle ne voulait pas toujours m'avoir dans sa baraque, au contraire, elle me disait :

« Va courir! On ne reste pas assis à ton âge, comme des ermites qui récitent le chapelet, en attendant que les perdrix leur tombent dans le bec; on court, on va, on vient, on se remue. Il faut ça pour grandir et prendre de la force. Va t'amuser! »

Naturellement je ne demandais pas mieux, et, dans la première quinzaine, je connaissais déjà les Materne, les Gourdier, les Poulet, les Robichon, enfin tous les bons sujets de la ville; car, de sept heures du matin à six heures du soir, on avait le temps de courir les rues, Dieu merci! de regarder le tourneur, le forgeron, le rémouleur, le ferblantier, le menuisier; on avait le temps de rouler dans les écuries, dans les granges, dans les greniers à foin et le long des haies, de grapiller des framboises et des mûres.

Et les batailles allaient toujours leur train! Tous les soirs, en rentrant, j'entendais Mme Dubourg crier du fond de l'allée :

« Hé! il profite, Jean-Pierre. Regardez ses coudes... regardez ses genoux... regardez son nez... regardez ses oreilles... ça va bien! »

Je ne répondais pas, et je me dépêchais de monter. Mais quand par hasard la mère Balais se trouvait là, ces paroles la fâchaient.

« Madame Dubourg, disait-elle, je l'aime mieux comme

cela déchiré, que s'il se laissait battre. Dieu merci ! les caniches qui se sauvent quand on tape dessus ne manquent pas; c'est la commodité des cloutiers et des tournebroches; mais j'aime mieux ceux qui montrent les dents, et qui mordent quand on les attaque. Que voulez-vous ? chacun son goût. Les peureux m'ennuient; ça me retourne le sang. Et puis, madame Madeleine, chacun doit se mêler de ce qui le regarde. »

Alors elle me prenait par la main, et nous montions tout glorieux. Au-dessus, le vieux vitrier Rivel, sa porte toujours ouverte sur l'escalier dans les temps chauds, ses grosses besicles de cuivre jaune sur le nez, et ses vitres qui grinçaient sur la table, ne disait jamais rien, ni sa petite femme non plus, qui courait du matin au soir. Et quand en passant nous leur souhaitions le bonsoir ou le bonjour, tous deux penchaient la tête en silence.

Ces gens paisibles n'avaient jamais de dispute avec personne; ils ressemblaient en quelque sorte à leurs deux pots de réséda, qui fleurissaient au bord de leur petite fenêtre, dans l'ombre de la cour. Jamais un mot plus haut que l'autre. Quelquefois seulement la femme appelait leur chat dans l'escalier, le soir; car ils ne pouvaient pas se coucher sans avoir fait rentrer leur chat dans la chambre.

Tout allait donc très bien, puisque la mère Balais était contente; mais, au bout de six semaines ou deux mois, un soir que j'avais livré bataille contre les deux Materne ensemble, derrière le cimetière des Juifs, et qu'ils m'avaient tellement roulé dans les orties que ma figure, mes mains et même mes jambes, sous mon pantalon, en étaient rouges comme des écrevisses, la mère Balais, qui me regardait tristement, dit tout à coup pendant le souper :

« Aujourd'hui, Jean-Pierre, nous n'avons pas remporté la victoire; les autres ont emmené les canons, et nous avons eu de la peine à sauver les drapeaux. »

Alors je fus tout fâché d'entendre ces choses, et je répondis :

« Ils se sont mis à deux contre moi !

— Justement, c'est la manière des kaiserliks, dit-elle, ils sont toujours deux ou trois contre un. Mais ce qui me fait plaisir, c'est que tu ne te plains jamais, tu supportes tout très bien. Que voulez-vous ? A la guerre comme à la guerre : on gagne, on perd, on se rattrape, on avance, on recule. — Tu ne te plains pas !... c'est comme Balais, il ne se plaignait jamais des atouts; même le jour de sa mort, il me regardait comme pour dire : — Ce n'est rien... nous en reviendrons ! — Voilà ce qui s'appelle un homme... Il aurait pu devenir prince, duc et roi tout comme un autre, ce n'est pas le courage qui lui manquait, ni la bonne volonté non plus. Mais il n'avait pas une belle écriture, et il ne connaissait pas les quatre règles; sans ça, Dieu sait ce que nous serions ! Je serais peut-être madame la duchesse de Balais, ou quelque chose dans ce genre... Malheureusement, ce pauvre Balais ne savait pas les quatre règles ! Enfin, que peut-on y faire ? Mais au moins je veux que cela ne t'arrive pas plus tard, et que tu connaisses tout; je veux te voir dans les états-majors, tu m'entends ?

— Oui, mère Balais.

— Je veux que tu commences tout de suite; et demain je te mènerai chez M. Vassereau, qui t'apprendra toute son école. Après ça, tu pourras choisir dans les états celui qui te plaira le plus. On gagne sa vie de toutes les façons, les uns en dansant sur la corde, les autres en vendant des cerises et des poires comme nous, les autres en rétamant des casseroles, ou bien en se faisant tirer des coups de fusil. Oui, Jean-Pierre, on gagne sa vie de cinquante manières, j'ai vu ça ! Mais le plus commode, c'est de s'asseoir dans un bon fauteuil rembourré, en habit noir, avec une cravate blanche et un jabot, comme j'en ai rencontré plusieurs, et de faire des grâces aux gens qui viennent vous saluer, le chapeau jusqu'à terre, en disant : — Monsieur l'ambassadeur... monsieur le préfet... monsieur le ministre, etc. —

C'est très commode, mais il faut savoir les quatre règles et avoir une belle main. Nous irons donc chez M. Vassereau, Jean-Pierre. C'est entendu, fit-elle en se levant, demain, nous irons de bonne heure, et s'il faut payer trente sous par mois, ça m'est égal. »

Ayant parlé de la sorte, nous allâmes nous coucher, et jusqu'à minuit, je ne fis que rêver à l'école, au père Vassereau, aux quatre règles, et à tout ce que la mère Balais m'avait dit.

IV

Le lendemain, de grand matin, la mère Balais s'habilla d'une manière tout à fait magnifique. Quand je sortis de ma chambre vers les sept heures, je la vis avec une grande robe chamarrée de fleurs vertes; elle s'était fait deux grosses boucles sur les oreilles avec ses cheveux gris touffus, elle avait un gros bonnet blanc, et cela lui donnait une figure très respectable.

« Assieds-toi là, Jean-Pierre, dit-elle, et déjeunons. Nous partons dans une demi-heure. »

Elle me fit mettre ensuite une chemise blanche, mes souliers neufs et ma veste de velours; elle ouvrit son grand coffre et en tira un châle très beau qu'elle s'arrangea sur les épaules devant notre petit miroir; les franges traînaient presque à terre, au bas de la robe. Et quand tout fut prêt, elle me dit de venir.

Je n'avais jamais vu d'école à Saint-Jean-des-Choux, cela me rendait inquiet : mais comme Mme Balais descendait devant moi, j'étais bien forcé de la suivre.

En bas, dans la petite allée sombre, Mme Dubourg, se penchant à la porte de sa cuisine, nous regarda sortir tout étonnée. Dehors, la mère Balais me prit par la main et me dit :

« Tu commenceras par ôter ton bonnet en entrant. »

Et nous descendîmes la petite rue des Trois-Quilles, derrière le jardin de M. le juge de paix, puis celle du Fossé-des-Tanneurs. Tout à coup, en face d'une vieille maison qui faisait le coin de deux rues, j'entendis une foule de voix crier ensemble : B-A BA ! — B-E BE ! — B-I BI ! ainsi de suite. Les vitres de la vieille maison en tremblaient ; et parmi ces voix d'enfants, une autre voix terrible se mit à crier :

« Materne !... Attends ! je me lève ! »

C'était M. Vassereau qui prévenait Materne.

Nous arrivions à l'école. Rien que d'entendre cette voix, un frisson me grimpait le long du dos. En même temps, nous entrions dans une petite cour, et la mère Balais me disait :

« Arrive ! »

Elle s'avançait dans une allée sombre à gauche, où je la suivis. Au bout de l'allée se trouvait une porte, avec un petit carreau dans le milieu ; c'est là qu'on entendait chanter B-A BA ! au milieu d'un grand bourdonnement.

La mère Balais ouvrit la porte. Aussitôt tout se tut, et je vis la grande salle : les rangées de tables toutes jaunes et tachées d'encre autour, les bancs où des quantités d'enfants en sabots, en souliers, et même pieds nus, s'usaient les culottes depuis des années : les exemples pendus à des ficelles le long des fenêtres ; le grand fourneau de fonte à droite, derrière la porte ; le tableau noir contre le mur, au fond du même côté ; et la chaire à gauche, entre deux fenêtres, où M. Vassereau, son bonnet de soie noire tiré sur la nuque, était assis, le grand martinet replié sur le pupitre. Il était là, grave, la main bien posée, les deux doigts bien tendus, en train d'écrire un exemple.

Tout fourmillait d'enfants de six à douze ans ; les grands assis autour des tables, les petits sur trois rangées de bancs, en face de la chaire. Deux ou trois, debout, tendaient leur plume au maître d'école, en répétant d'une voix traînante :

« En gros, s'il vous plaît, monsieur Vassereau !
— En moyen, s'il vous plaît, monsieur Vassereau ! »

Lui ne bougeait pas : il écrivait.

Je découvris ces choses d'un coup d'œil. Toute la salle s'était retournée pour voir qui venait d'entrer ; toutes ces figures grasses, joufflues, blondes, rousses, les cheveux ébouriffés, nous regardaient en se penchant. Comme les petits bancs s'étaient tus d'un coup, M. Vassereau leva les yeux ; il aperçut la mère Balais et moi sur la porte, et se leva, ramenant son bonnet de soie noire sur la tête, comme pour saluer. On aurait alors entendu voler une mouche. La mère Balais dit :

« Restez couvert, monsieur Vassereau. »

Et tous deux, l'un en face de l'autre, se mirent à causer de moi. Autant la mère Balais était grande et magnifique, autant le père Vassereau, habillé d'une capote marron et d'un large gilet noir, paraissait grave et sévère ; il portait encore l'ancienne culotte de ratine et les larges souliers à boucles d'argent. Il avait la figure ferme, un peu pâle, le menton large, le nez droit, bien fait, les yeux bruns, une ride entre les deux sourcils ; de sorte qu'avec son martinet sous le coude, tout cela ne lui donnait pas un air tendre, et que je pensais :

« Si c'est lui qui doit m'apprendre les quatre règles, il faudra faire bien attention. »

Nous étions donc au milieu de la salle, et toute l'école écoutait. M. Vassereau paraissait avoir un grand respect pour Mme Balais, qui relevait fièrement la tête, et qui lui dit :

« Je vous amène ce garçon, monsieur Vassereau ; c'est un enfant de Saint-Jean-des-Choux, — que j'ai pris, parce que des parents malhonnêtes l'avaient abandonné, — et que je veux faire bien élever. Vous aurez soin de lui... vous lui montrerez tout ce qu'un homme doit savoir... Je suis sûre qu'il profitera de vos leçons.

— S'il n'en profite pas, répondit le père Vassereau en me jetant un regard de côté, ce sera de sa faute, car j'emploierai tous les moyens. »

Et, me regardant en face :

« Comment t'appelles-tu ? me dit-il.

— Jean-Pierre, monsieur.

— Et ton père ?

— Mon père s'appelait Nicolas Clavel.

— Eh bien ! Clavel, qu'est-ce que tu sais ? Est-ce que tu connais tes lettres ?

— Non, monsieur.

— Alors, assieds-toi là, sur le petit banc. Gossard, tu lui prêteras ton *Abc*; vous lirez ensemble dans le même. »

Pendant que cela se passait et que M. Vassereau me parlait de la sorte, cinq ou six grands, au lieu de travailler, riaient entre eux, et je vis quelque chose en ce moment qui m'affermit beaucoup dans mes bonnes résolutions. Le père Vassereau, en entendant rire, avait tourné la tête, et il avait vu le rouge Materne qui faisait des signes à Gourdier.

Alors, sans rien dire, il était allé le secouer par l'oreille, qui s'allongeait et se raccourcissait. Il n'avait pas l'air fâché; mais le fils Materne ouvrait la bouche jusqu'au fond du gosier avec des yeux tout ronds, et soupirait tellement qu'on l'entendait dans toute la salle, où chacun se remit bien vite à travailler.

« Eh bien ! Madame Balais, dit le père Vassereau en revenant d'un air tranquille, vous pouvez compter sur moi; ce garçon profitera de mes conseils, je réponds de lui. — Clavel, va t'asseoir où je t'ai dit. »

J'allai m'asseoir au bout du petit banc, en pensant :

« Oh ! oui, je profiterai... il faut que je profite ! »

— Allons, monsieur Vassereau, c'est entendu, dit la mère Balais. Pour le reste, ça me regarde. »

Ils sortirent ensemble dans la petite allée; et, pendant

qu'ils étaient dehors, tout le monde se retourna, riant, s'appelant, se jetant des boules de papier. Mais, à peine le pas lent de M. Vassereau commençait-il à revenir, qu'on se pencha sur les tables en faisant semblant d'écrire ou d'apprendre sa leçon. Lui, jeta les yeux à droite et à gauche et se remit dans sa chaire en disant :

« Commencez l'*Abc*. — Clavel, tu vas suivre sur l'*Abc* de Gossard. »

Aussitôt on se mit à chanter ensemble l'*Abc*, et je suivis avec une grande attention, sans oser même regarder celui qui me montrait les lettres.

Le père Vassereau taillait les plumes. De temps en temps, il faisait le tour de la salle, son martinet sous le bras, et regardait l'ouvrage des grands. Quand les lettres étaient mal formées, il les appelait ânes, et corrigeait lui-même leurs fautes. Une demi-heure avant la fin de l'école, il se rasseyait dans sa chaire et criait aux petits :

« Arrêtez ! »

Ensuite commençait la récitation des leçons :

« Qu'est-ce que la grammaire ? — Qu'est-ce que l'article ? — Qu'est-ce que le verbe ? » etc. — Il prenait aussi quelquefois les petits et leur demandait les lettres. Sur le coup de dix heures le matin, sur le coup de quatre heures le soir, le premier de la première classe récitait la prière, et quand on l'entendait dire : « Ainsi soit-il ! » toute l'école dégringolait des bancs, et se sauvait, le sac au dos ou le cahier sous le bras, en criant et se réjouissant jusqu'à la maison.

Cent fois M. Vassereau nous avait défendu de crier, mais dehors on n'avait plus peur, et puis il faut bien que les enfants respirent.

Le premier jour, quand on se mit à réciter la prière et à sortir en disant : « Bonjour, monsieur Vassereau ! » je fus si content d'être dehors, que j'arrivai chez nous d'un trait, et que je grimpai nos trois étages, en criant :

« C'est fini! »

Le père Antoine Dubourg ne pouvait s'empêcher de rire, et le vieux vitrier Rivel lui-même me regardait monter l'escalier avec ses grosses besicles, le nez en l'air, et disait à sa femme :

« Tiens, Catherine, voilà le plus beau temps de la vie; on ne pense pas au déjeuner, au dîner; quand l'école est finie, on a gagné sa journée. Ce temps-là ne reviendra plus. »

La mère Balais était aussi bien contente.

V

Depuis ce jour, je connaissais l'école : je connaissais la manière de chanter en traînant B-A BA, d'observer les plus petits mouvements de M. Vassereau, et d'avoir l'air de suivre avec Gossard, en regardant voler les mouches.

Le matin, aussitôt l'école finie, j'allais trouver la mère Balais dans notre baraque, sur la place; elle me demandait presque toujours :

« Eh bien! Jean-Pierre, ça marche? »

Et je répondais :

« Oui, mais c'est dur tout de même.

— Hé! faisait-elle, tout est dur dans ce monde. Si les pommes et les poires roulaient sur la grande route, on ne planterait pas d'arbres; si le pain venait dans votre poche, on ne retournerait pas la terre, on ne sèmerait pas le grain, on ne demanderait pas la pluie et le soleil, on ne faucillerait pas, on ne mettrait pas en gerbes, on ne battrait pas en grange, on ne vannerait pas, on ne porterait pas les sacs au moulin, on ne moudrait pas, on ne traînerait pas la farine chez le boulanger, on ne pétrirait pas, on ne ferait pas cuire; ce serait bien commode, mais ça ne peut pas venir tout seul, il faut que les gens s'en mêlent. Tout ce qui pousse seul ne vaut rien, comme les chardons, les orties, les épines, et les herbes tranchantes au fond des marais. Et plus on prend de peine, mieux ça vaut ; comme pour la vigne au milieu des pierrailles, sur les hauteurs, où l'on porte du fumier dans des hottes ; c'est aussi bien dur, Jean-Pierre, mais le vin est aussi bien bon. Si tu voyais, en Espagne, dans le midi de la France et le long du Rhin, comme on travaille au soleil pour avoir du vin, tu dirais : « C'est encore bien heureux de rester assis à l'ombre et d'apprendre quelque chose qui nous profitera toujours ! » Maintenant je te fais retourner et ensemencer par le père Vassereau, et plus tard, qui est-ce qui coupera le grain ? Qui est-ce qui aura du pain sur la planche ? C'est toi ! Je fais cela parce que tu me plais, mais il faut en profiter. Je ne suis peut-être pas là pour longtemps. Profite, profite !... »

Ces choses m'attendrissaient, et je me donnais de la peine, j'aurais voulu tout savoir, pour réjouir la mère Balais.

Il faut dire aussi que M. Vassereau n'était pas mécontent de moi, car au bout d'une semaine je connaissais mes lettres, et même il disait tout haut :

« Regardez ce Clavel, un garçon de Saint-Jean-des-Choux, il connaît ses lettres, dans une semaine, au lieu que ce grand âne rouge de Materne et ce pendard de Gourdier, depuis trois ans n'ont encore appris qu'à dénicher des merles et à déterrer des carottes dans les jardins après la classe. Ah ! les gueux... Ah ! la mauvaise race ! »

Il se fâchait en parlant, et finissait par tomber dessus, de sorte que l'école était remplie de cris terribles. M. Vassereau répétait sans cesse :

« Si vous êtes pendus un jour, on ne pourra pas me faire de reproches ; car, Dieu merci ! je m'en donne de la peine pour vous redresser. J'use plus de martinets pour ces Gourdier et ces Materne, que pour tous les autres ensemble ; et encore ça ne sert à rien, ils deviennent de pire en pire, et tous les jours on vient se plaindre près de moi, comme si c'était ma faute. »

C'est vers ce temps que M. Vassereau me mit dans la troisième classe des grands, et qu'il me dit :

« Tu préviendras madame Balais de t'acheter une ardoise pour écrire en gros. »

La mère Balais eut une véritable satisfaction d'apprendre que j'avançais.

« Je suis contente de toi, Jean-Pierre, me dit-elle ; tu me feras honneur. »

Tous les gens de la maison, et madame Madeleine elle-même, avaient fini par s'habituer à me voir ; on ne criait plus contre moi. La petite Annette venait à ma rencontre, quand je sortais de l'école, en disant :

« Voici notre Jean-Pierre ! »

J'aurais dû me trouver bien heureux, mais j'avais toujours le cœur gros d'être enfermé ; je ne pouvais pas m'habituer à rester assis deux heures de suite sans bouger. Ah ! la vie est une chose dure, et l'on n'arrive pas pour son amusement dans ce monde.

Combien de fois, en classe, lorsque le temps était beau, que le soleil brillait entre les exemples pendus aux fenêtres ouvertes, et que de petites mouches dansaient en rond dans la belle lumière, combien de fois j'oubliais l'ardoise, l'exemple et les paraphes, la vieille salle, les camarades et la grammaire, regardant ce beau jour les yeux tout grands ouverts, comme un chat qui rêve, et me représentant la côte de Saint-Jean-des-Choux : les hautes bruyères violettes et les genêts d'or où bourdonnaient les abeilles ; les chèvres grimpant à droite et à gauche dans les roches, allongeant leur long cou maigre et leur petite barbe, pour brouter un bouquet de chèvrefeuille dans le ciel pâle ; les bœufs couchés à l'ombre d'un vieux hêtre, les yeux à demi fermés, mugissant lentement comme pour se plaindre de la chaleur. Et nos coups de fouets retentissant dans les échos de Saint-Witt; notre petit feu de ronces déroulant sa fumée vers les nuages; la cendre blanche où rôtissaient nos pommes de terre; puis les grands bois de sapins tout sombres, descendant au fond des vallées, le bourdonnement de l'eau, le chant de la haute grive à la nuit, les coups de hache des bûcherons dans le silence, ébranchant les arbres... Combien de fois... combien de fois je me suis représenté ces choses!

Tout à coup une voix me criait :

« Clavel, qu'est-ce que tu regardes? »

Et je frémissais, en me remettant bien vite à écrire.

Rarement M. Vassereau me frappait. Il faisait une grande différence entre ses élèves, il ne s'indignait que contre les incorrigibles. Je crois qu'il devinait mes pensées et qu'il en avait de semblables, les jours de beau temps, pour son village.

A ceux qui viennent du grand air, aux enfants qui, durant des années, ont niché comme les oiseaux autour des bois, il faut du temps pour s'habituer à la cage, oui, il faut du temps! l'idée de la verdure leur revient toujours, et la bonne odeur des feuilles, des prés, des eaux courantes, leur arrive par-dessus les remparts.

Si nous n'avions pas eu les jeudis, je crois que je serais mort de chagrin; car, malgré les bonnes soupes de la mère Balais, je maigrissais à vue d'œil. Heureusement, nous avions les jeudis : demain nous irons au Haut-Bar, au Géroldseck, à la Roche-Plate. Nous irons cueillir des noisettes au fond de Fiquet, nous courrons dans l'ombre des sapins, nous grimperons, nous crierons, nous ferons tout ce que nous voudrons.

Oh! les jeudis... le Seigneur devrait bien en faire deux par semaine.

Les dimanches, il fallait aller à la messe et aux vêpres, la moitié de la journée était perdue.

Mais les jeudis, nous partions de grand matin, et la mère Balais me disait d'avance :

« Demain, il faut que tu coures, Jean-Pierre, je ne veux pas te voir maigrir comme ça. Cette école, c'est bon... c'est très bon ; mais on ne peut pourtant pas s'éreinter à rester assis. Les enfants ont besoin d'air. Va courir ! Baigne-toi, mais prends garde d'aller dans les endroits dangereux. Avant de savoir bien nager, il faut se tenir sur les bords. Il n'y a que les bêtes qui se noient. Prends garde ! mais amuse-toi bien... Galope, grimpe ; la bonne santé passe encore avant les quatre règles : c'est le principal. »

Elle n'aurait pas eu besoin de me dire tout cela, car j'y pensais deux jours d'avance, et je m'en réjouissais. Nous étions trois : le petit Jean-Paul Latouche, le fils du greffier, Emmanuel Dolomieu, le fils de notre juge de paix, et moi. Annette voulait nous suivre ; elle pleurait, elle m'embrassait ; mais madame Madeleine ne voulait pas ; et nous étions déjà bien loin dans la rue à courir, que nous entendions encore ses grands cris et ses pleurs.

Emmanuel et Jean-Paul avaient toujours quelques sous dans leur poche ; moi, je n'avais qu'une croûte de pain, mais je trouvais plus de noisettes, plus de brimbelles, plus de tout, et nous partagions.

Notre première idée était toujours d'aller nous baigner. Ah ! la rivière de la Zorne, derrière la Roche-Plate, avec ses trembles et ses hêtres, nous connaissait bien, et je pourrais encore vous montrer le bon fond de sable, à droite du vallon de la Cible.

Quel bonheur, mon Dieu ! d'arriver au bord de la roche nue ; de voir l'immense vallée au-dessous, pleine de forêts ; les grandes prairies en bas, la rivière qui frissonne sous les trembles ; le sentier creux qui descend dans le sable brûlant, entre les petites racines pendantes où filent des centaines de lézards, et de se mettre à galoper dans ce sentier bordé de hautes bruyères sèches !

Quel bonheur d'entrer dans les pâturages au fond à perte de vue ; de bien regarder si l'on ne découvre pas un garde champêtre avec son chapeau noir et sa plaque d'étain sur le bras, et d'avancer hardiment dans l'herbe jusqu'au cou, les uns derrière les autres, pour ne laisser qu'une petite trace !

Quel plaisir d'arriver au bord de la rivière, de mettre la main dedans en criant tout bas : « Elle est chaude ! », de jeter bien vite à terre sa petite blouse, d'ôter ses souliers, son pantalon, ses bas, en se cachant et riant, pendant que l'eau siffle et bouillonne sur les cailloux noirs : puis de se lancer à la file : un... deux... trois... et de descendre le courant comme des grenouilles, sous l'ombre qui tremblote, tandis que les demoiselles vertes vont en zigzag et font sonner leurs ailes sous la voûte de feuillage !

O le bon temps !

Comme on frissonne en se redressant dans l'écume, comme on se tape l'un à l'autre sur le dos, pour tuer les grosses mouches grises qui veulent vous piquer ; comme on est heureux d'aller, de venir, de se jeter des poignées d'eau ; et puis d'écouter, d'avoir peur du garde ! — Comme on espionne !

Et bien plus tard, lorsque vos dents se mettent à claquer et qu'on se dit : « J'ai la chair de poule... sortons ! » et qu'on s'assied dans le sable brûlant, en grelottant, la figure toute bleue, comme on se sent tout à coup bon appétit ; et, si l'on a eu soin d'emporter une croûte de pain, comme on mord dedans de bon cœur ! Dieu du ciel, il y a pourtant de beaux jours dans la vie !

Puis une fois rhabillés, quand on remonte dans le bois, tout frais, tout ragaillardi, en sifflant, et battant les buissons pour dénicher les touffes pâles des noisettes... Parlez-moi d'une existence pareille ! Quand l'école ne serait faite que pour avoir des jeudis, je soutiendrais qu'elle est bonne et qu'elle montre la sagesse du Seigneur.

Et les jours, les semaines, les mois se suivaient ; après le

QUEL PLAISIR DE DESCENDRE LE COURANT

dimanche et le jeudi, l'école; après l'été, l'automne : la saison des poires et des pommes qu'on range dans le fruitier, la saison où les bois se dépouillent, où de grands coups de vent traînent les feuilles mortes dans les sentiers.

Alors les noisettes, les myrtilles, les faines sont passées. On croirait que tout va finir. — Et le froid, les premières gelées blanches, l'hiver, les portes fermées, le vieux métier qui va son train, la pluie que le vent chasse dans notre baraque sur la place : tout marche, les ennuis comptent comme le reste.

L'hiver était donc venu, l'hiver avec ses gros flocons, ses longues pluies qui s'égouttent des toits durant des semaines, l'hiver avec sa chaufferette et les gros sabots fourrés de la mère Balais, avec les *balayades* du matin, lorsque les femmes, le jupon relevé, poussent la boue d'une porte à l'autre, que les pelotes de neige se croisent dans l'air, qu'on crie, qu'on bataille, qu'on a les oreilles rouges et les mains brûlantes. Une vitre tombe chez M. Reboc, l'avocat, ou chez M. Hilarius, le président... On se sauve... la servante sort... Personne n'a fait le coup!

Ensuite les grands jeudis tout gris de l'hiver, au coin du feu quand la flamme pétille, que la marmite chante, qu'on se réunit en bas chez les Dubourg, en filant; que madame Madeleine parle de la fortune de sa tante Jacqueline de Saint-Witt; que la mère Balais raconte l'histoire des écluses de la Hollande, où Balais avait des souliers en paille tressée, pendant qu'il gelait à pierre fendre!... et les rencontres de Torres-Vedras, de Badajoz, des Arapiles, où l'on suait sang et eau.

Et les coups de vent, la nuit, qui s'engouffrent dans la cour, en enlevant les ardoises du colombier! Alors on raccourcit ses jambes sous la couverture, on se tire l'édredon sur le nez; on écoute : la mère Balais tousse à côté, le coucou des Rivel, en bas, sonne une heure; on se rendort lentement.

Oui, voilà l'hiver ! Il est bien long au pied des montagnes, et pourtant avec quel bonheur on se rappelle le coin du feu, les bonnes figures empaquetées des voisins, les moufles tirées jusqu'aux coudes, les sabots remplis de peau de lapin, et jusqu'au grand fourneau de l'école, lorsqu'on arrivait un des premiers, au petit jour, avant M. Vassereau, et qu'on se réchauffait en cercle, le petit sac au dos, pendant que la pluie coulait à flots sur les vitres !

Comme on se dit plus tard : « Quand donc ce bon temps reviendra-t-il ? Quand serons-nous jeunes encore une fois ? »

Avec tout cela, j'avançais dans mes classes, et M. Vassereau m'avait choisi pour apprendre les réponses de la messe, avec trois ou quatre autres bons sujets. Il nous faisait mettre à genoux au milieu de l'école, et nous répondions tous ensemble, l'un aidait l'autre. Il disait :

« Clavel, je te préviens que tu seras enfant de chœur ; tu prendras la chemise rouge et la toque de Blanchot, tu chanteras avec Georges Cloutier. Tu viendras tous les dimanches. »

Il me faisait chanter le solfège après dix heures, et cela me remplissait d'orgueil. Les Materne disaient que je flattais M. Vassereau ; madame Madeleine me prenait en considération ; le père Antoine me donnait deux liards pour passer à l'offrande, et la mère Balais se réjouissait de ma bonne conduite.

Souvent M. Vassereau répétait en classe que je marchais sur les traces de Robichon, capitaine au 27ᵉ de ligne, — son meilleur élève, — et que je n'avais qu'à continuer.

VI

Cela dura trois ans. J'étais alors l'un des premiers de l'école ; je savais mon catéchisme, j'avais une belle écriture, je connaissais un peu d'orthographe et les quatre règles.

Il était temps de faire ma première communion et d'apprendre un état.

La mère Balais me répétait souvent :

« De mon temps, Jean-Pierre, où le courage et la chance faisaient tout, je t'aurais dit d'attendre tes dix-huit ans et de t'engager; mais je vois bien aujourd'hui ce qui se passe : la vie militaire n'est plus rien; on traîne ses guêtres de garnison en garnison, on va quelques années en Afrique pour apprendre à boire de l'absinthe, et puis on revient dans les vétérans. »

Emmanuel Dolomieu, le petit Jean-Paul et plusieurs autres de mes camarades étudiaient depuis quelques mois le latin au collège de Phalsbourg, pour devenir juges, avocats, notaires, officiers, etc.

M. Vassereau soutenait que j'avais plus de moyens qu'eux et que c'était dommage de me laisser en route; mais à quoi servent les moyens quand on est pauvre? Il faut gagner sa vie!

Vers la fin du printemps, il arriva quelque chose d'extraordinaire que je n'oublierai jamais. Ce matin, huit jours avant ma première communion, on savait déjà que je serais à la tête des autres, que je réciterais l'*Acte de Foi*, et que je ferais les réponses. M. le curé Jacob lui-même était venu le dire à la maison, et le bruit en courait parmi toutes les bonnes femmes de la ville.

C'était un grand honneur pour nous, mais la dépense était aussi très grande. On parlait de cela tous les jours. Madame Madeleine, qui se mêlait de tout, comptait tant pour l'habit, tant pour le gilet et la cravate blanche, tant pour le pantalon, les souliers et le chapeau; cela faisait une bien grosse somme, et la mère Balais disait :

« Eh bien! il faudra faire un petit effort. Jean-Pierre va maintenant apprendre un état; c'est le dernier grand jour de sa jeunesse. »

Annette, devenue plus grande, s'écriait :

« Puisqu'il est le premier, il doit être aussi le plus beau. »

Moi qui commençais à comprendre la vie, je me taisais.

Et ce matin-là, comme on venait encore de causer en bas, dans la chambre des Dubourg, de cette grosse affaire, pendant que la mère Balais était sortie, sur le coup de huit heures, voilà que la porte s'ouvre, et qu'une grande femme rousse entre avec un panier sous le bras.

Il faisait obscur dans la petite chambre, et je ne reconnus pas d'abord cette femme. Ce n'est qu'au moment où, d'une voix criarde comme à la halle, elle se mit à dire : « Bonjour la compagnie, bonjour! Je viens voir notre garçon! » que je reconnus madame Hocquart, ma cousine, celle qui m'avait repoussé trois ans avant à Saint-Jean-des-Choux, en disant que mon père était un gueux.

Elle regardait de tous les côtés. Je n'avais plus une goutte de sang; j'étais saisi.

« Eh bien! cria-t-elle en me voyant, eh bien! Jean-Pierre, il paraît que tu te conduis bien?... Ça nous fait plaisir à tous, à tous les parents, à ce pauvre Guerlot : il en avait les larmes aux yeux... Et la Paesel... et le Kòniam!... »

Je ne répondais pas, je me sentais bouleversé.

« Asseyez-vous donc, madame Hocquart, dit madame Madeleine en avançant une chaise, asseyez-vous. Mon Dieu, oui! on ne peut pas se plaindre. Mais voilà cette première communion... quelle dépense!

— Justement, s'écria la grande Hocquart, nous y avons pensé! nous avons dit : « Cette brave mère Balais, elle ne peut pourtant pas tout faire; c'est pourtant notre sang... c'est notre parent! Alors, tenez... »

Elle leva la couverture de son panier et en tira un habit neuf, une paire de souliers, un pantalon et un gilet.

Madame Madeleine et Annette poussaient des cris d'admiration :

« Oh! madame Hocquart!

— Oui, oui, nous pensons que ça lui ira bien ! »

Et comme je restais sombre derrière la table, madame Madeleine me dit :

« Mais avance donc, Jean-Pierre, viens donc remercier ta cousine, cette bonne madame Hocquart. »

Alors je sentis quelque chose se retourner en moi, quelque chose de terrible, et, sans y penser, je répondis :

« Je ne veux pas!

— Comment, tu ne veux pas?

— Non, je ne veux rien; je ne veux pas d'habits! »

La mère Hocquart s'était redressée tout étonnée.

« Qu'est-ce qu'il a donc? fit-elle de sa voix trainarde, qu'est-ce qu'il a donc, notre Jean-Pierre?

— Ah! cria madame Madeleine, il est fier; la tête lui tourne à cause des honneurs.

— Hé! fit la marchande de poisson, c'est dans la famille, cette fierté-là! cette fierté-là, c'est ce qui fait les gens riches. »

En ce moment, le bon père Antoine me dit :

« Jean-Pierre, comment, tu ne remercies pas ta cousine! Tu n'as donc pas de reconnaissance? »

Et comme il parlait, je ne pus m'empêcher d'éclater en sanglots. J'allai me mettre le front contre le mur, en fondant en larmes.

Tout le monde s'étonnait. Le père Antoine, se levant, vint près de moi :

« Qu'est-ce que tu as? me dit-il tout bas.

— Rien.

— Tu n'as rien?

— Non... je ne veux rien d'eux! lui dis-je au milieu de mes sanglots.

— Pourquoi?

— Ils m'ont chassé; ils ont dit que mon père et ma mère étaient des gueux! »

Le père Antoine, en m'entendant parler ainsi, devin

tout pâle; et comme madame Madeleine recommençait ses reproches, pour la première fois il lui dit brusquement :

« Tais-toi, Madeleine ! tais-toi ! »

Il se promenait de long en large dans la chambre, la tête penchée. Madame Madeleine ne disait plus rien. Moi je restais le front au mur, les joues couvertes de larmes. La petite Annette, derrière moi, disait :

« Oh ! ils sont pourtant bien beaux, les habits... Regarde seulement, Jean-Pierre. »

Et comme la mère Hocquart, poussant un éclat de rire aigre, rempaquetait les habits et s'écriait : Tu n'en veux pas, garçon ? Oh ! il ne faut pas pleurer pour ça..., bien d'autres en voudront. Ah ! c'est comme ça que tu remercies les gens ! » Comme elle disait cela, riant tout haut et refermant son panier, la porte se rouvrit, et j'entendis la mère Balais s'écrier :

« Eh bien, qu'est-ce qui se passe ? Pourquoi donc est-ce que Jean-Pierre pleure ?

— Hé ! répondit madame Madeleine, figurez-vous qu'il ne veut pas accepter des habits magnifiques pour sa première communion, des habits que sa cousine Hocquart apporte tout exprès de son village.

— Ah ! dit la mère Balais en se redressant; pourquoi donc n'en veux-tu pas, Jean-Pierre ?

— C'est qu'il se rappelle qu'on a traité son père de gueux à Saint-Jean-des-Choux, répondit brusquement le père Antoine.

— Ah ! ah ! il se rappelle ça.... Et c'est pour ça qu'il ne veut pas de leurs habits ! s'écria la brave femme. Eh bien ! il a raison ? »

Et regardant la mère Hocquart :

« Allez-vous-en, dit-elle, on s'est passé de vous jusqu'à présent, on s'en passera bien encore. C'est moi, Marie-Anne Balais, qui veux donner des habits à cet enfant. Allez-vous-en au diable, entendez-vous ? »

« QU'EST-CE QUE TU AS? » ME DIT LE PÈRE ANTOINE

La grande Hocquart voulait crier, mais la mère Balais avait une voix bien autrement forte que la sienne, une véritable voix de tempête qui couvrait tout, criant :

« Allez-vous-en, canaille !... vous avez renié votre sang... Vous méritez tous d'être pendus !... »

En même temps, Rivel et sa femme, et deux ou trois voisines attirées par le bruit, entraient ; de sorte que la marchande de poisson, voyant cela, n'eut que le temps de reprendre son panier et de se sauver, en disant d'un air désolé :

« Ayez donc l'idée de faire le bien... c'est encourageant... c'est encourageant ! »

La mère Balais alors vint me toucher l'épaule :

« C'est moi, Jean-Pierre, qui te donnerai des habits, me dit-elle.

— Oh ! m'écriai-je en l'embrassant, de vous... rien qu'une blouse... ce sera bien assez.

— Tu n'auras pas seulement une blouse, fit-elle, tu auras tout plus beau que les autres ! J'ai là-haut, dans mon armoire, un uniforme de Balais, un uniforme superbe, qu'il ne mettait que les jours de parade. Je le conservais comme une relique ; mais puisque tu viens de montrer du cœur, je te le donne ; le père Lagoutte te taillera là-dedans un habillement complet. »

Ainsi parla cette brave femme.

Et huit jours après j'avais de beaux habits pour ma première communion, des habits un peu grands, pour servir longtemps.

« Hé ! Jean-Pierre, me disait la mère Balais, en tournant autour de moi, pour voir si cela m'allait bien, te voilà en grande tenue. Redresse-toi, mon garçon ; quand on porte l'habit d'un brave, il faut lever la tête ! »

Elle me regardait toute attendrie.

Ces choses lointaines me sont revenues tout à l'heure, et j'en ai pleuré ! — C'étaient les derniers beaux jours de l'école ; maintenant une autre vie, d'autres soins allaient commencer : la vie d'apprentissage, où l'on ne travaille pas seulement pour soi, mais pour un maître, où l'on est forcé de s'appliquer toujours et de songer à l'avenir.

VII

Deux ou trois jours après ma première communion, la mère Balais me demanda si j'aimais plus un métier qu'un autre. Nous étions justement à déjeuner. Je lui répondis que celui qui me plaisait le plus, c'était l'état de menuisier, parce que rien ne me faisait plus plaisir à voir que de beaux meubles, de grandes commodes, des armoires bien polies, des cadres en vieux noyer, et d'autres objets pareils.

Cela lui plut.

« Je suis contente, me dit-elle, que tu choisisses, car ceux qui prennent le premier métier venu montrent qu'ils n'ont d'idée pour aucun. Et quand on est décidé, — fit-elle en se levant, — autant partir tout de suite. Mets ton habit, Jean-Pierre, je vais te conduire chez le maître menuisier Nivoi, près de la fontaine. Tu ne pourrais jamais être en meilleures mains. Nivoi connaît la menuiserie mieux que pas un autre de la ville. C'est un homme de bon sens ; il a fait son tour de France, il est même resté cinq ou six ans à Paris. Je suis sûre que pour me faire plaisir, il te recevra d'emblée.

Je connaissais le père Nivoi depuis longtemps, avec sa veste de drap gris à larges poches carrées, où se trouvaient d'un côté le mètre et le tire-ligne, et de l'autre la grande tabatière en carton. Sa figure franche, ouverte, ses petits yeux malins me plaisaient. Je n'aurais pas choisi d'autre maître, et je m'habillai bien vite, pendant que la mère Balais mettait son châle.

Nous sortîmes quelques instants après, sans autres réflexions, et nous arrivâmes bientôt chez M. Nivoi, qui possédait une petite auberge à côté de son atelier, en face du magasin de bois et de la fontaine.

L'auberge avait pour enseigne deux chopes de bière mousseuse ; elle était toujours pleine de hussards, qui chantaient pendant que la scie et le rabot allaient en cadence.

Nous entrâmes dans l'atelier vers neuf heures. M. Nivoi, en train de tracer de grandes lignes à la craie rouge sur une planche, fut tout étonné de nous voir.

« Hé ! c'est la mère Balais ! dit-il. Est-ce que la baraque tombe ensemble ? En avant les chevilles !

— Non, la baraque est encore solide, répondit la mère Balais en riant. Je viens vous demander un autre service.

— Tout ce qui vous plaira, dans les choses possibles, bien entendu.

— Je le savais, dit la mère Balais ; je comptais sur vous. Voici Jean-Pierre que vous connaissez... le fils de Nicolas Clavel, de Saint-Jean-des-Choux, que je regarde comme mon propre enfant. Eh bien ! il voudrait apprendre votre état ; il est plein de bonne volonté, de courage, et, si vous le recevez, je suis sûre qu'il fera son possible pour vous contenter.

— Ah ! ah ! dit le père Nivoi d'un air grave et pourtant de bonne humeur, est-ce vrai, Jean-Pierre ?

— Oui, monsieur Nivoi, je promets de vous contenter, si c'est possible...

— Avec moi, c'est toujours possible, dit le vieux menuisier en déposant sa grande règle sur l'établi, et criant à la porte du cabaret :

— Marguerite ! Marguerite ! »

Aussitôt la femme de M. Nivoi, une femme assez grande, de bonne mine, habillée à la mode des paysans, ouvrit la porte et demanda :

« Qu'est-ce que c'est, Nivoi ?

— Tu vas tirer une bonne bouteille de rouge, et tu la

porteras dans la chambre, là-haut, avec deux verres. Madame Balais et moi nous sommes en affaire, nous avons besoin de causer. »

La femme descendit à la cave ; et comme l'ouvrier de M. Nivoi, Michel Jâry, sec, maigre, décharné, la figure longue et pâle, cessait de raboter pour nous écouter, M. Nivoi lui dit :

« Hé ! Michel, ce n'est pas pour toi que je fais monter la bouteille ; tu peux continuer sans gêne, madame Balais ne t'en voudra pas à cause du bruit, ni moi non plus. »

Il dit cela d'un air sérieux, en prenant une bonne prise ; et sa femme étant alors devant la porte, sur le petit escalier de bois, avec les deux verres et la bouteille :

« Mère Balais, fit-il, je vous montre le chemin. »

Ils montèrent ensemble dans la chambre qui se trouvait à côté de l'atelier, au-dessus, en forme de colombier. Elle avait une lucarne, et le vieux menuisier, de cette lucarne, en vidant sa bouteille le coude sur la table, voyait tout ce qui se passait en bas. C'est là qu'il restait une partie des matinées, avec son ami, le vieux géomètre Panard, causant de différentes choses qui leur faisaient du bon sens. Ils s'aimaient comme des frères ! Et lorsqu'ils avaient vidé leur bouteille chez Nivoi, vers onze heures, ils allaient vider une autre bouteille chez Panard, qui possédait aussi une auberge sur la grande route.

Chez Nivoi, Panard payait la bouteille devant la femme, et Nivoi mettait les douze sous dans sa poche, et chez Panard, Nivoi payait la bouteille, et Panard mettait les douze sous dans sa poche ; par ce moyen, les femmes étaient toujours contentes en pensant : « C'est l'autre qui paye, nous avons les douze sous ! » Avec ces douze sous, ils vidaient leurs caves à tous les deux, sans avoir de trouble dans leur ménage.

Mais tout cela n'empêchait pas M. Nivoi d'être un excellent menuisier, un homme d'esprit et de bon sens.

La mère Balais et M. Nivoi étaient donc montés dans la chambre; moi je restais en bas avec Jâry, qui continuait à raboter, allongeant ses grands bras maigres d'un air de mauvaise humeur.

Je vis tout de suite que nous ne serions pas bons camarades, car, au bout d'un instant, s'étant arrêté pour rajuster le rabot, il me dit en donnant de petits coups sur la tête du tranchet :

« Allons, apprenti, commence par ramasser les copeaux et mets-les dans ce panier. »

Je devins tout rouge, et je lui répondis au bout d'un instant :

« Si monsieur Nivoi veut de moi, je reviendrai cet après-midi, et je ramasserai les copeaux.

— Ah ! tu as peur de salir tes beaux habits, fit-il en riant. C'est tout simple : quand on s'appelle monsieur Jean-Pierre, qu'on est le premier à l'école, qu'on connaît l'orthographe, et qu'on porte chapeau, de se baisser, ça fait mal aux reins. »

Il me dit encore plusieurs autres choses dans le même genre; comme je ne répondais pas, tout à coup la voix du père Nivoi se mit à crier de la lucarne :

« Hé! dis donc, Jâry, mêle-toi de ce qui te regarde. Je ne te donne pas cinquante sous par jour pour observer si l'on a des chapeaux ou des casquettes. Tu devrais être honteux d'ennuyer un enfant qui ne te dit rien. Est-ce que c'est sa faute, s'il n'est pas aussi bête que toi? »

Aussitôt Jâry se remit à raboter avec fureur; et quelques instants après la mère Balais et M. Nivoi redescendirent l'escalier.

« Eh bien! c'est entendu, disait M. Nivoi; Jean-Pierre viendra tout de suite après dîner et son apprentissage commencera. Je le prends pour quatre ans. Les deux premières années, il ne me servira pas beaucoup, mais les deux autres seront pour les frais d'apprentissage.

— Si vous voulez un écrit ? dit la mère Balais.

— Allons donc ! entre nous un écrit, s'écria le vieux menuisier. Est-ce que je ne vous connais pas ? »

Ils traversaient alors l'atelier.

« Arrive, Jean-Pierre, » me dit la mère Balais.

Et nous sortîmes ensemble.

Dans la rue, M. Nivoi fit quelques pas avec nous, en expliquant que je devais arriver chaque matin à six heures en été, à sept en hiver ; — que j'aurais une heure à midi pour aller dîner, et que le soir à sept heures je serais libre, ainsi que toutes les journées des dimanches et grandes fêtes.

Ces choses étant bien entendues, il rentra dans l'atelier, et nous retournâmes chez nous.

III

Durant six ans, je restai chez le père Nivoi. Que de travail, que de tristesse, et pourtant que de bonheur aussi pendant ces longues années d'apprentissage ! Tout revit en moi, tout se réveille ! J'entends le rabot courir, la scie crier, le marteau résonner sous le grand toit de l'atelier ; j'entends les verres tinter au cabaret voisin, les hussards chanter « *En avant Fanfan la Tulipe !* » je vois les copeaux rouler sous l'établi, je les repousse du pied, les joues et le front couverts de sueur.

Et le grand Jàry, cet être pâle, maigre, les cheveux ébouriffés, je le vois aussi, je l'entends me donner des ordres : « Apprenti, le rabot ! — Apprenti, les clous ! — Enlève-moi cette sciure, apprenti, et plus vite que ça ! — Qu'est-ce que c'est ? tu te mêles d'ajuster... Ha ! ha ! le bel ouvrage ! Comme c'est raboté ! Comme c'est scié !... Le patron va gagner gros avec toi... Il n'a qu'à faire venir du vieux chêne, pour t'apprendre à massacrer ! »

Ainsi de suite. Et toujours de la mauvaise humeur, toujours des coups de coude en passant.

« Ote-toi de là, tu ne fais rien de bon ! »

Quelle patience, mon Dieu ! quelle bonne volonté d'apprendre il faut avoir, pour vivre avec des gueux pareils, sans foi ni loi, sans cœur ni honneur ! Plus l'ouvrage est bon, plus ils le trouvent mauvais, plus l'envie leur aigrit le sang, plus ils verdissent et jaunissent. S'ils osaient vous attaquer !... Mais le courage leur manque. Pauvres diables !... pauvres diables !...

Voilà pourtant la vie, voilà le soutien qu'il faut attendre dans ce bas monde.

Le père Nivoi voyait la jalousie de ce mauvais gueux, et quelquefois il s'écriait :

« Hé ! Michel, tâche donc d'être plus honnête avec Jean-Pierre. Tu n'as pas toujours été malin pour raboter une planche et pour enfoncer un clou ; ça ne t'est pas venu tout seul... Il t'a fallu des années et des années. Et malgré tout, tu n'es pas encore le grand chambellan du rabot et de l'équerre, comme on disait sous l'autre ; tu n'as pas encore deux clefs dans le dos, qui marquent ta grandeur. S'il avait fallu attendre sur toi pour inventer les chevilles, on aurait attendu longtemps. Je te défends d'être grossier avec l'apprenti ; je ne veux pas de ça... Tu m'entends ? »

Malheureusement, le brave homme n'était pas toujours à l'atelier, il avait des entreprises en ville, et Jàry le voyait à peine dehors, qu'il se vengeait sur moi d'avoir été forcé d'entendre ses plaisanteries.

Au milieu de ces misères, j'avais pourtant quelques instants de bonheur, et mon attachement pour la mère Balais augmentait toujours.

Il ne s'était pas encore passé six mois, que M. Nivoi m'avait permis d'emporter des copeaux à la maison. J'en mettais dans mon tablier tant qu'il pouvait en entrer. Avec quelle joie je criais sous la porte :

« Mère Balais, voici des copeaux! nous pouvons faire bon feu, le bois ne va plus manquer! »

Elle, voyant la joie de mon cœur, faisait semblant de regarder ces copeaux comme grand'chose :

« Je n'ai jamais vu d'aussi belle flamme, disait-elle. Et puis ça chauffe, Jean-Pierre, que c'est un véritable plaisir. »

Un peu plus tard, au bout de l'année, connaissant un peu l'état, j'avais arrangé le fruitier d'une manière admirable, par couches de lattes bien solides. C'est à cela que je passais mes dimanches. Et, plus tard encore, la famille Dubourg ayant loué dans les environs de la ville un petit jardin, c'est moi qui construisit leur gloriette, c'est moi qui posai la petite charpente et qui garnis l'intérieur de paillassons, en croisant dehors le treillage pour les plantes grimpantes.

Ce qui fâchait le plus Jàry contre moi, c'étaient les copeaux; car jusqu'alors lui seul les avait pris pour les porter à l'auberge du Tonnelet-Rouge, dans la ruelle des Aveugles, où il était en pension. — Enfin on ne peut pas contenter tout le monde.

Cela dura bien un an de la sorte. Je n'étais pas encore bien adroit dans notre métier, mais assez souvent M. Nivoi m'avait chargé de faire de petits meubles, comme les cassines qu'on nous commandait au collège, et toujours il avait paru content.

« C'est bien, Jean-Pierre, disait-il, cela peut aller; il manque encore la dernière main. Voici des jointures qui ne sont pas assez serrées, cette charnière est trop lâche... la serrure a pris trop de bois... Mais, pour un apprenti, cela marche très bien. »

Naturellement Jàry, ces jours-là, se montrait encore plus mauvais qu'à l'ordinaire; aussitôt le maître sorti de l'atelier, il tournait en moquerie ses compliments et traitait mon ouvrage de savate. S'il avait pu tout casser et détraquer, il l'aurait fait volontiers; mais il n'osait pas, et regardait

« CONTINUE, JEAN-PIERRE, TU PROMETS! »

seulement en levant ses deux épaules maigres, et disait :

« Ah! le beau chef-d'œuvre! Écoutez comme ça s'ouvre, comme ça se ferme! »

Il faisait aller le couvercle en répétant :

« Cric! Crac! c'est un meuble à musique... Ça crie... ça chante... ça possède tous les agréments ensemble. On peut mettre des livres dans la cassine, et jouer en même temps de la musique au professeur... Continue, Jean-Pierre, tu promets, tu promets! »

Il soufflait dans ses joues et se tenait les deux mains sur les côtes, comme pour s'empêcher de rire.

On pense si j'étais indigné; je voyais sa méchanceté. Si je n'avais pas eu tant d'égards pour M. Nivoi, pour la mère Balais et tout le monde, j'aurais dit à ce gueux ce que je pensais de lui.

J'avais bien de la peine à me contenir, mais un beau matin la coupe fut pleine, et je vais vous raconter les choses en détail, parce qu'il faut tout expliquer, pour que les honnêtes gens voient clairement de quel côté se trouvent les torts, et qu'ils se disent en eux-mêmes : « C'était trop... cela ne pouvait pas durer... nous en aurions fait autant. »

Voici donc comment la chose finit.

A la fin de ma troisième année d'apprentissage, quelques jours avant la Sainte-Anne, qui tombe le 27 juillet, un soir, au moment de partir, M. Nivoi me dit, après avoir regardé mon travail :

« Jean-Pierre, je suis content de toi, tu m'as rendu déjà de véritables services, et je veux te montrer ma satisfaction. Dis-moi ce qui peut te faire plaisir. »

En entendant ces paroles, je sentis mon cœur battre. Jary, qui pendait son tablier et sa veste de travail au clou, se retourna pour écouter. J'aurai bien su quoi répondre, mais je n'osai pas. Et comme j'étais là tout troublé, le père Nivoi me dit encore :

« Hé! tu n'as jamais rien reçu de moi, Jean-Pierre! »

En même temps il tirait de sa poche une grosse pièce de cinq francs, qu'il faisait sauter dans sa main, en disant :

« Est-ce qu'une pièce de cinq francs ne t'irait pas, pour faire le garçon ? Réponds-moi hardiment ; qu'est-ce que tu penses d'une pièce de cinq francs dans la poche de Jean-Pierre ? »

Mon trouble augmentait, parce que depuis longtemps j'avais une autre idée, une idée qui me paraissait magnifique, mais qui devait coûter cher. Je n'osais pas le dire, et pourtant, à la fin, ramassant tout mon courage, je répondis :

« Monsieur Nivoi, mon plus grand bonheur est d'abord de savoir que vous êtes content de moi ; oui, c'est une grande joie, principalement à cause de la mère Balais...

— Sans doute, sans doute, fit-il attendri ; mais toi, qu'est-ce que tu voudrais, qu'est-ce que tu pourrais désirer ?

— Eh bien ! monsieur Nivoi... Mais je n'ose pas ?

— Quoi ?

— Eh bien, ce qui me ferait le plus de plaisir, ce serait de montrer de mon travail à la mère Balais. »

Et comme M. Nivoi écoutait toujours :

« Nous avons à la maison une vieille table qui boîte, lui dis-je, une table ronde et pliante ; il faut mettre quelque chose sous un pied, pour l'empêcher de boîter. Et si c'était un effet de votre bonté de m'en laisser faire une autre, elle arriverait juste à la Sainte-Anne.

— Oh ! oh ! s'écria le père Nivoi d'un air à moitié de bonne humeur, à moitié fâché, sais-tu bien ce que tu me demandes ? Une table, une table ronde ; du vieux noyer encore, bien sûr ?

— Oh non ! en chêne.

— En chêne... c'est bon... en chêne... mais... et ton travail pendant huit jours, dix jours, tu comptes ça pour rien !

— Oh ! je travaillerais le soir, monsieur Nivoi, je reviendrais après la journée deux ou trois heures. »

Alors il parut réfléchir et toussa deux ou trois fois dans sa main sans répondre, et seulement ensuite il dit :

« C'est pour la fête de la mère Balais?
— Oui.
— Et cette idée t'est venue comme ça?
— Oui, ce serait mon plus grand bonheur.
— Eh bien! soit, fit-il, j'y consens; tu travailleras le soir, et je te laisse le choix du bois. Arrive, il ne fait pas encore nuit, entrons au magasin. »

Aussitôt Jary sortit et nous entrâmes au magasin. Il y avait de belles planches, et je regardais du vieux poirier qui m'aurait bien convenu, mais c'était trop cher. Je venais de prendre du chêne, quand M. Nivoi s'écria :

« Bah! puisque nous sommes en train de faire de la dépense, autant que ce soit tout à fait bien. Moi, Jean-Pierre, à ta place, je choisirais ce poirier. »

Cela me fit une joie si grande, que je ne pus seulement pas répondre; je pris la planche sur mon épaule, et nous rentrâmes dans l'atelier, où je la posai contre le mur. Tout ce que j'avais souhaité depuis deux ans arrivait. Je me représentais le bonheur de la mère Balais.

Je voyais déjà dans cette planche les quatre pieds, le dessus, le tour; je voyais que ce serait très beau, que j'en aurais même de reste, et tout cela me serrait le cœur à force de contentement et d'attendrissement. Il ne m'était jamais rien arrivé de pareil; et dans le moment où je sortais en refermant l'atelier, M. Nivoi, qui voyait sur ma figure tout ce que je pensais, me demanda :

« Est-ce que tu reviendras travailler ce soir?
— Oh! oui, monsieur Nivoi, si vous voulez bien.
— Bon, bon, on mettra de l'huile dans la lampe. »

Je retournai chez nous tellement heureux, que j'arrivai dans notre petite allée sans le savoir. Je ne pensais plus qu'à ma table, et, tout de suite après le souper, j'allai prendre mes mesures et me mettre au travail.

Le plan de cette table était si bien dans ma tête que, au bout du troisième jour, toutes les pièces se trouvaient découpées et dégrossies ; il ne fallait plus que les assembler, les raboter et les polir. M. Nivoi, deux ou trois fois le soir, vint me voir à l'œuvre ; il examinait chaque pièce l'une après l'autre sur toutes les faces, en fermant un œil, et finalement il me dit :

« Eh bien ! Jean-Pierre, maintenant que l'ouvrage avance, je dois te dire que tu as joliment profité de tes trois ans d'apprentissage. »

Je pétillais de joie, cela m'entrait jusque dans les cheveux.

« Monsieur Nivoi, m'écriai-je, je ne mérite pas vos bontés.

— Tu les mérites cent fois, dit-il ; tu es un bon ouvrier, un brave cœur, et, si tu continues, tu seras un honnête homme. Va, mon enfant, la mère Balais sera contente, et je le suis aussi. »

Il sortit alors, et cette nuit j'avançai tellement l'ouvrage, que toutes les pièces étaient jointes vers les dix heures, excepté le dessus. Le lendemain je fis le dessus ; je repassai tout à la couronne de prêle, et j'appliquai le vernis pour commencer à polir la nuit suivante.

Personne ne savait rien de tout cela chez nous ; la surprise et la joie devaient en être d'autant plus grandes, Mon cœur nageait de bonheur. Je n'avais qu'une crainte, c'était qu'on apprît quelque chose par hasard ; et plus le moment approchait, plus mon inquiétude et ma satisfaction augmentaient.

Jâry, durant ces huit jours, n'avait rien dit ; seulement il serrait les dents et me regardait d'un mauvais œil. Moi je ne disais rien non plus.

Ma table déjà construite se trouvait dans un coin éloigné de l'établi. En entrant, le matin du jour où je devais commencer à polir, je regarde pour voir si le vernis avait séché, et qu'est-ce que je vois ? un trou gros comme les deux poings dans la planche du milieu sur le bord. — Je devins tout pâle, et je tournai la tête. Jâry riait en dessous.

« Qu'est-ce qui a fait ça? lui dis-je.

— C'est le gros rabot, répondit-il en éclatant de rire; il ne faut pas mettre les beaux ouvrages sous la planche aux rabots, parce que, quand les rabots tombent, ils font des trous.

— Et qu'est-ce qui a fait tomber le gros rabot?

— C'est moi, dit-il en riant plus fort; j'en avais besoin. »

A peine avait-il répondu : « C'est moi! » que je tombai sur le gueux comme un loup. J'avais la tête de moins que lui, ses mains étaient larges deux fois comme les miennes, mais du premier coup il fut culbuté, les jambes par-dessus la tête, et je lui posai les genoux sur la poitrine, pendant qu'il me serrait en criant :

« Ah! brigand... ah! tu oses!...

— Oui, j'ose, lui dis-je, » en écumant et lui donnant des coups terribles sur la figure.

Nous roulions dans les copeaux, il allongeait ses larges mains calleuses pour m'étrangler; mais ma fureur était si grande, que malgré sa force j'avais presque fini par l'assommer, lorsque le père Nivoi et trois hussards accoururent à nos cris et m'arrachèrent de dessus lui, comme un de ces dogues qu'il faut mordre pour les faire lâcher. Ils me tenaient en l'air par les bras et les jambes, j'avais des tremblements et des frémissements.

Le grand Jâry se leva en criant :

« Je te rattraperai! »

Mais à peine avait-il dit : « Je te rattraperai! » que je me lâchai d'une secousse, et que je le bousculai sur la table comme une plume. Il criait :

« A l'assassin!... à l'assassin! »

Il fallut m'arracher encore une fois et m'entraîner dans la chambre voisine. Le père Nivoi demandait :

« Qu'est-ce que c'est ? »

Alors, fondant en larmes, je lui dis :

« Il a cassé ma table exprès.

— Ah ! il a cassé ta table ! fit-il ; le gueux... le lâche !... Ah ! il a cassé ta table exprès... Eh bien ! tu as bien fait, Jean-Pierre. Mais il peut se vanter d'en avoir reçu... Voilà pourtant la colère d'un honnête homme qu'on vole. »

Les hussards me regardaient tout surpris, et se disaient entre eux :

« Tonnerre ! c'est pire qu'un chat sauvage ! »

La femme de M. Nivoi venait de porter dans l'atelier un baquet d'eau fraîche, où Jâry se lavait la figure. Je l'entendais gémir ; il disait :

« Je ne travaillerai plus avec ce brigand, il a voulu m'assassiner. »

En même temps, il sanglotait comme un lâche, et M. Nivoi étant retourné le voir, lui dit :

« Tu as reçu ton compte... c'est bien fait. Tu ne veux plus travailler avec cet enfant, tant mieux ! C'est une bonne occasion pour moi d'être débarrassé d'un envieux, d'un imbécile. Va te faire panser chez M. Harvig. Tu pourras revenir ce soir ou demain, si tu veux, pour recevoir ton arriéré. Mais tu ne rentreras pas dans l'atelier ; tu viendras dans cette chambre, car si Jean-Pierre te voyait, il te déchirerait.

— Lui ! cria Jâry.

— Oui, lui ! Ne crie pas si haut, il est encore là ; les hussards le retiennent, mais il pourrait s'échapper. »

Nous n'entendîmes plus rien ! Quelques instants après, M. Nivoi revint en disant :

« Le gueux est parti. J'ai regardé le trou de la table ; nous allons changer tout de suite la planche du milieu, Jean-Pierre, et demain tout sera prêt pour la fête de la mère Balais. Je t'aiderai ! Ainsi console-toi, sois content, tout sera réparé ce soir. »

Je me remis alors, et je fus bien étonné de voir que j'avais battu le grand Jàry. Je pensai en moi-même : « Ah! si j'avais su cela plus tôt, tu ne m'aurais pas tant ennuyé depuis deux ans, mauvais gueux! J'aurais commencé par où j'ai fini ; mais il vaut mieux tard que jamais. »

IX

L'ONCLE JACOB

Nous vivions dans une paix profonde au village d'Anstadt, au milieu des Vosges allemandes, mon oncle le docteur Jacob Wagner, sa vieille servante Lisbeth et moi. Depuis la mort de sa sœur Christine, l'oncle Jacob m'avait recueilli chez lui. J'approchais de mes dix ans ; j'étais blond, rose et frais comme un chérubin. J'avais un bonnet de coton, une petite veste de velours brun, provenant d'une ancienne culotte de mon oncle, des pantalons de toile grise et des sabots garnis au-dessus d'un flocon de laine. On m'appelait le petit Fritzel au village, et chaque soir, en rentrant de ses courses, l'oncle Jacob me faisait asseoir sur ses genoux pour m'apprendre à lire en français dans l'*Histoire naturelle* de M. de Buffon.

Il me semble encore être dans notre chambre basse, le plafond rayé de poutres enfumées. Je vois, à gauche, la petite porte de l'allée et l'armoire de chêne ; à droite, l'alcôve fermée d'un rideau de serge verte ; au fond, l'entrée de la cuisine, près du poêle de fonte aux grosses moulures représentant les douze mois de l'année, — le Cerf, les Poissons, le Capricorne, le Verseau, la Gerbe, etc., — et, du côté de la rue, les deux petites fenêtres qui regardent à travers les feuilles de vigne sur la place de la Fontaine.

Je vois aussi l'oncle Jacob, élancé, le front haut, surmonté de sa belle chevelure blonde dessinant ses larges tempes avec grâce, le nez légèrement aquilin, les yeux bleus, le menton arrondi, les lèvres tendres et bonnes. Il est en culotte de ratine noire, habit bleu de ciel à boutons de cuivre, et bottes molles à retroussis jaune clair, devant lesquelles pend un gland de soie. Assis dans son fauteuil de cuir, les bras sur la table, il lit, et le soleil fait trembloter l'ombre des feuilles de vigne sur sa figure un peu longue et hâlée par le grand air.

C'était un homme sentimental, amateur de la paix; il approchait de la quarantaine et passait pour être le meilleur médecin du pays.

Tout cela, je le vois, sans oublier notre Lisbeth, une bonne vieille, souriante et ridée, en casaquin et jupe de toile bleue, qui file dans un coin : ni le chat Roller, qui rêve, assis sur sa queue, derrière le fourneau, ses gros yeux dorés ouverts dans l'ombre comme un hibou.

Il me semble que je n'ai qu'à traverser l'allée pour me glisser dans le fruitier aux bonnes odeurs, que je n'ai qu'à grimper l'escalier de bois de la cuisine pour monter dans ma chambre, où je lâchais les mésanges que le petit Hans Aden, le fils du sabotier, et moi, nous allions prendre à la pipée. Il y en avait de bleues et de vertes. La petite Élisa Meyer, la fille du bourgmestre, venait souvent les voir et m'en demander; et quand Hans Aden, Ludwig, Frantz Sépel, Karl Stenger et moi, nous conduisions ensemble les vaches et les chèvres à la pâture, sur la côte de Birkenwald, elle s'accrochait toujours à ma veste en me disant :

« Fritzel, laisse-moi conduire votre vache... ne me chasse pas! »

Et je lui donnais mon fouet : nous allions faire du feu dans le gazon et cuire des pommes de terre sous la cendre.

Oh! le bon temps! comme tout était calme, paisible autour de nous! Comme tout se faisait régulièrement! Jamais

J'AVAIS UN BONNET DE COTON, UNE PETITE VESTE DE VELOURS.

le moindre trouble : le lundi, le mardi, le mercredi, tous les jours de la semaine se suivaient exactement pareils.

Chaque jour on se levait à la même heure, on s'habillait, on s'asseyait devant la bonne soupe à la farine apprêtée par Lisbeth. L'oncle partait à cheval ; moi, j'allais faire des trébuchets et des lacets pour les grives, les moineaux ou les verdiers, selon la saison.

A midi, nous étions de retour. On mangeait du lard aux choux, des *noudels* ou des *knœpfels*. Puis j'allais pâturer, ou visiter mes lacets, ou bien me baigner dans la Queich quand il faisait chaud.

Le soir, j'avais bon appétit, l'oncle et Lisbeth aussi, et nous louions à table le Seigneur de ses grâces.

Tous les jours, vers la fin du souper, au moment où la nuit grisâtre commençait à s'étendre dans la salle, un pas lourd traversait l'allée, la porte s'ouvrait, et sur le seuil apparaissait un homme trapu, carré, large des épaules, coiffé d'un grand feutre, et qui disait :

« Bonsoir, monsieur le docteur.

— Asseyez-vous, *mauser*[1], » répondit l'oncle.

« Lisbeth ouvre la cuisine. »

Lisbeth poussait la porte, et la flamme rouge, dansant sur l'âtre, nous montrait le taupier en face de notre table, regardant de ses petits yeux gris ce que nous mangions. C'était une véritable mine de rat des champs : le nez long, la bouche petite, le menton rentrant, les oreilles droites, quatre poils de moustache jaunes ébouriffés. Sa souquenille de toile grise lui descendait à peine au bas de l'échine ; son grand gilet rouge, aux poches profondes, ballottait sur ses cuisses, et ses énormes souliers, tout jaunes de glèbe, avaient de gros clous qui luisaient sur le devant, en forme de griffes, jusqu'au haut des épaisses semelles.

Le mauser pouvait avoir cinquante ans ; ses cheveux

---

1. Taupier.

grisonnaient, de grosses rides sillonnaient son front rougeâtre, et des sourcils blancs à reflets d'or lui tombaient jusque sur le globe de l'œil.

On le voyait toujours aux champs en train de poser ses attrapes, ou bien à la porte de son rucher à mi-côte, dans les bruyères du Birkenwald, avec son masque de fil de fer, ses grosses moufles de toile et sa grande cuiller tranchante pour dénicher le miel des ruches.

A la fin de l'automne, durant un mois, il quittait le village, son bissac en travers du dos, d'un côté le grand pot à miel, de l'autre la cire jaune en briques, qu'il allait vendre aux curés des environs pour faire des cierges.

Tel était le mauser.

Après avoir bien regardé sur la table, il disait :

« Ça, c'est du fromage... ça, ce sont des noisettes.

— Oui, répondait l'oncle ; à votre service.

— Merci ; j'aime mieux fumer une pipe maintenant. »

Alors il tirait de sa poche une pipe noire, garnie d'un couvercle de cuivre à petite chaînette. Il la bourrait avec soin, continuant de regarder, puis il entrait dans la cuisine, prenait une braise dans le creux de sa main calleuse et la plaçait sur le tabac. Je crois encore le voir, avec sa mine de rat, le nez en l'air, tirer de grosses bouffées en face de l'âtre pourpre, puis rentrer et s'asseoir dans l'ombre, au coin du fourneau, les jambes repliées.

En dehors des taupes et des abeilles, du miel et de la cire, le mauser avait encore une autre occupation grave : il prédisait l'avenir moyennant le passage des oiseaux, l'abondance des sauterelles et des chenilles, et certaines traditions inscrites dans un gros livre à couvercle de bois, qu'il avait hérité d'une vieille tante de Héming, et qui l'éclairait sur les choses futures.

Mais, pour entamer le chapitre de ses prédictions, il lui fallait la présence de son ami Koffel, le menuisier, le tourneur, l'horloger, le tondeur de chiens, le guérisseur de bêtes, bref, le plus beau génie d'Anstadt et des environs.

Koffel faisait de tout : il rafistolait la vaisselle fêlée avec du fil de fer, il étamait les casseroles, il réparait les vieux meubles détraqués, il remettait l'orgue en bon état quand les flûtes ou les soufflets étaient dérangés ; l'oncle Jacob avait même dû lui défendre de redresser les jambes et les bras cassés, car il se sentait aussi du talent pour la médecine. Le mauser l'admirait beaucoup et disait quelquefois : « Quel dommage que Koffel n'ait pas étudié!... quel dommage! » Et toutes les commères du pays le regardaient comme un être universel.

Mais tout cela ne faisait pas bouillir sa marmite, et le plus clair de ses ressources était encore d'aller couper de la choucroute en automne, son tiroir à rabots sur le dos en forme de hotte, criant de porte en porte : « Pas de choux ? pas de choux ? »

Voilà pourtant comment les grands esprits sont récompensés.

Koffel, petit, maigre, noir de barbe et de cheveux, le nez effilé, descendant tout droit en pointe comme le bec d'une sarcelle, ne tardait pas à paraître, les poings dans les poches de sa petite veste ronde, le bonnet de coton sur la nuque, la pointe entre les épaules, sa culotte et ses gros bas bleus, tachés de colle forte, flottant sur ses jambes minces comme des fils d'archal, et ses savates découpées en plusieurs endroits pour faire place à ses oignons. Il entrait quelques instants après le mauser et, s'avançant à petits pas, il disait d'un air grave :

« Bon appétit, monsieur le docteur.

— Si le cœur vous en dit ? répondait l'oncle.

— Bien des remerciements ; nous avons mangé ce soir de la salade ; c'est ce que j'aime le mieux. »

Après ces paroles, Koffel allait s'asseoir derrière le fourneau et ne bougeait pas jusqu'au moment où l'oncle disait :

« Allons, Lisbeth, allume la chandelle et lève la nappe. »

Alors, à son tour, l'oncle bourrait sa pipe et se rapprochait du fourneau. On se mettait à causer de la pluie et du beau temps, des récoltes, etc.; le taupier avait posé tant d'attrapes pendant la journée, il avait détourné l'eau de tel pré durant l'orage; ou bien il venait de retirer tant de miel de ses ruches; ses abeilles devaient bientôt essaimer, elles formaient barbe, et d'avance le mauser préparait des paniers pour recevoir les jeunes.

Koffel, lui, ruminait toujours quelque invention; il parlait de son horloge sans poids, où les douze apôtres devaient paraître au coup de midi, pendant que le coq chanterait et que la mort faucherait; ou bien de sa charrue, qui devait marcher toute seule en la remontant comme une pendule ou de telle autre découverte merveilleuse.

L'oncle écoutait gravement; il approuvait d'un signe de tête en rêvant à ses malades.

En été, les voisines, assises sur le banc de pierre, devant nos fenêtres ouvertes, s'entretenaient avec Lisbeth des choses de leurs ménages : l'une avait filé tant d'aunes de toile l'hiver; les poules d'une autre avaient pondu tant d'œufs dans la journée.

Moi, je profitais d'un bon moment pour courir à la forge de Klipfel, dont la flamme brillait de loin, dans la nuit, au bout du village. Hans Aden, Frantz Sépel et plusieurs autres s'y trouvaient déjà réunis. Nous regardions les étincelles partir comme des éclairs sous les coups de marteau; nous sifflions au bruit de l'enclume. Se présentait-il une vieille rosse à ferrer, nous aidions à lui lever la jambe. Les plus vieux d'entre nous essayaient de fumer des feuilles de noyer, ce qui leur retournait l'estomac; quelques autres se glorifiaient d'aller déjà tous les dimanches à la danse, c'étaient ceux de quinze à seize ans. Ils se plantaient le chapeau sur l'oreille et fumaient d'un air d'importance, les mains dans les poches.

Enfin, à dix heures, toute la bande se dispersait : chacun rentrait chez soi.

Ainsi se passaient les jours dans ce bon petit village d'Anstadt!

X

LA CHASSE AUX MOINEAUX.

En revenant de chercher du miel chez le mauser, je rencontrai le petit Hans Aden, qui était allé glisser sur le *guévoir*; il s'en retournait, les mains dans les poches, et me cria :

« Fritzel ! Fritzel ! »

S'étant approché, d'abord il regarda les deux beaux rayons de miel sur mon assiette, et me dit :

« C'est pour vous, ça ? »

— Non, c'est pour faire de la boisson à la dame française qui est malade.

— Je voudrais bien être malade à sa place, » dit-il, en se léchant, d'un air expressif, le bord de ses grosses lèvres retroussées.

Puis il demanda :

« Qu'est-ce que tu fais cet après-midi ?

— Je ne sais pas. »

Alors il regarda mon assiette du coin de l'œil, et, se grattant le bas du dos :

« Écoute, si tu veux, dit-il, nous irons poser des attrapes derrière le fumier de la poste ; il y a beaucoup de verdiers et de moineaux le long des haies, sous les hangars et dans les arbres du *Postthâl*.

— Je veux bien, lui répondis-je.

— Oui, arrive ici sur le perron; nous partirons ensemble. »

Avant de nous séparer, Hans Aden me demanda s'il pouvait passer le doigt au fond de l'assiette ; je lui donnai cette permission, et il trouva le miel très bon. Après quoi, chacun reprit son chemin, et je rentrai chez nous.

« Ah! te voilà! s'écria Lisbeth en me voyant entrer dans la cuisine, je croyais que tu ne reviendrais plus; Dieu du ciel! il t'en faut, à toi, du temps pour faire une commission ! »

La pendule sonnait midi. Quelques instants après la vieille servante apporta la petite soupière pour nous deux ; elle fit le signe de la croix et nous dînâmes.

A chaque instant je tournais la tête pour regarder si Hans Aden ne se promenait pas déjà sur le perron de l'église. Je ne songeais qu'aux fumiers du *Postthâl;* je voyais déjà nos attrapes en briques posées autour dans la neige, la tuile levée, soutenue par deux petits bois en fourche, et les grains de blé au bord et dans le fond. Je voyais les verdiers tourbillonner dans les arbres, et les moineaux rangés à la file, sur le bord des toits, s'appelant, épiant, écoutant, tandis que nous, tout au fond du hangar, derrière les bottes de paille, nous attendions le cœur battant d'impatience. Puis un moineau voltigeait sur le fumier, la queue en éventail, puis un autre, puis toute la bande. Les voilà! les voilà près de nos attrapes!... ils vont descendre... déjà un, deux, trois sautent autour et becquètent les grains de blé... *Frouu!* tous s'envolent à la fois; c'est un bruit à la ferme... c'est le garçon Yéri avec ses gros sabots, qui vient de crier dans l'écurie à l'un de ses chevaux : « Allons, te retourneras-tu, Foux ? » Quel malheur! Si seulement tous les chevaux étaient crevés, et Yéri avec!... Enfin, il faut attendre encore... les moineaux sont partis bien loin. Tout à coup un d'eux se remet à crier, ils reviennent sur les toits... Ah! Seigneur Dieu! pourvu que Yéri ne crie plus... pourvu que tout se taise... S'il n'y avait seulement pas de gens dans cette ferme ni sur la route ! Quelles transes ! Enfin, en voilà un qui redescend... Hans Aden me tire par le pan de ma veste... Nous ne respirons plus... nous sommes comme muets d'espérance et de crainte !

Tout cela, je le voyais d'avance, je ne me tenais plus en place.

« Mais, au nom du ciel, qu'as-tu donc ? me disait Lisbeth ; tu vas, tu cours comme une âme en peine... tiens-toi donc tranquille. »

Je n'entendais plus ; le nez aplati contre la vitre, je pensais :

« Viendra-t-il ou ne viendra-t-il pas ? Il est peut-être déjà là-bas... il en aura emmené un autre ! »

Cette idée me paraissait terrible.

J'allais partir, quand enfin Hans Aden traversa la place ; il regardait vers notre maison, épiant du coin de l'œil ; mais il n'eut pas besoin d'épier longtemps : j'étais déjà dans l'allée et j'ouvrais la porte. Puis je courus le long du mur, de crainte d'une commission ou de tout autre empêchement : il peut vous arriver tant de malheurs dans ce bas monde ! Et ce n'est que bien loin de là, dans la ruelle des Orties, que Hans Aden et moi nous fîmes halte pour reprendre haleine.

« Tu as du blé, Hans Aden ?

— Oui.

— Et ton couteau ?

— Sois donc tranquille, le voilà. Mais écoute, Fritzel, je ne peux pas tout porter ; il faut que tu prennes les briques et moi les tuiles.

— Oui ; allons. »

Et nous repartîmes à travers champs, derrière le village, ayant de la neige jusqu'aux hanches. L'oncle Jacob lui-même nous aurait appelés alors, que nous nous serions sauvés comme des voleurs, sans tourner la tête.

Nous arrivâmes bientôt à la vieille tuilerie abandonnée,

car on cuit rarement en hiver, et nous prîmes notre charge de briques. Puis, remontant la prairie, nous traversâmes les haies du *Postthâl* toutes couvertes de givre, juste en face des grands fumiers carrés, derrière les écuries et le hangar. Déjà de loin, nous voyions les moineaux alignés au bord du toit.

« Je te le disais bien, faisait Hans Aden ; écoute... écoute !... »

Deux minutes après nous posions nos attrapes entre les fumiers, en déblayant la neige au fond. Hans Aden tailla les petites fourches, plaça les tuiles avec délicatesse, puis il sema le blé tout autour. Les moineaux nous contemplaient du haut des toits, en tournant légèrement la tête sans rien dire. Hans Aden se releva, s'essuyant le nez du revers de la manche, et clignant de l'œil pour observer les moineaux.

« Arrive, fit-il tout bas ; ils vont tous descendre. »

Nous entrâmes sous le hangar, pleins de bonnes espérances, et dans le même instant toute la bande disparut. Nous pensions qu'ils reviendraient ; mais jusque vers quatre heures nous restâmes blottis derrière les bottes de paille, sans entendre un cri de moineau. Ils avaient compris ce que nous faisions, et s'en étaient allés bien loin, à l'autre bout du village.

Qu'on juge de notre désespoir ! Hans Aden, malgré son bon caractère, éprouvait une indignation terrible, et moi-même je faisais les plus tristes réflexions, pensant qu'il n'y a rien de plus bête au monde que de vouloir prendre des moineaux en hiver, lorsqu'ils n'ont que la peau et les os, et qu'il en faudrait quatre pour faire une bouchée.

Enfin, las d'attendre et voyant le jour baisser, nous revînmes au village, en suivant la grande route, grelottant, les mains dans les poches, le nez humide et le bonnet tiré sur la nuque d'un air piteux.

Hélas ! j'étais bredouille !

NOUS ENTRAMES SOUS LE HANGAR

XI

LE CHIEN DE LA CANTINIÈRE.

En revenant de la poste, j'avais aperçu tout au loin, dans la grande prairie communale, derrière l'église, Hans Aden, Frantz Sépel et bien d'autres de mes camarades qui glissaient sur le guévoir. On les voyait prendre leur élan à la file, et partir comme des flèches, les reins pliés et les bras en l'air pour tenir l'équilibre; on entendait le bruit prolongé de leurs sabots sur la glace et leurs cris de joie.

Comme mon cœur galopait en les voyant! comme j'aurais voulu pouvoir les rejoindre! Malheureusement l'oncle Jacob m'attendait alors, et je rentrai la tête pleine de ce joyeux spectacle.

Pendant tout le dîner, l'idée de courir là bas ne me quitta pas une seconde; mais je me gardai bien d'en parler à l'oncle, car il me défendait toujours de glisser sur le guévoir, à cause des accidents. Enfin il sortit pour aller faire une visite à M. le curé, qui souffrait de ses rhumatismes.

J'attendis qu'il fût entré dans la grande rue, puis je sifflai Scipio, et je me mis à courir jusqu'à la ruelle des Houx, comme un lièvre. Le caniche bondissait derrière moi, et ce n'est que dans la petite allée pleine de neige que nous reprîmes haleine.

Je croyais retrouver tous mes camarades sur le guévoir

mais ils étaient allés dîner ; je ne vis, au tournant de l'église que des grandes glissades désertes. Il me fallut donc glisser seul, et, comme il faisait froid, au bout d'une demi-heure j'en eus bien assez.

Je reprenais le chemin du village, quand Hans Aden, Frantz Sépel et deux ou trois autres, les joues rouges, le bonnet de coton tiré sur les oreilles et les mains dans les poches, débouchèrent d'entre les haies couvertes de givre.

« Tiens ! c'est toi, Fritzel ! me dit Hans Aden ; tu t'en vas !

— Oui, je viens de glisser, et l'oncle Jacob ne veut pas que je glisse ; j'aime mieux m'en aller.

— Moi, dit Frantz Sépel, j'ai fendu mon sabot sur la glace ce matin, et mon père l'a recommodé. Voyez un peu.

Il défit son sabot et nous le montra. Le père Frantz Sépel avait mis une bande de tôle en travers avec quatre gros clous à tête pointue. Cela nous fit rire, et Frantz Sépel s'écria :

« Ça, ce n'est pas commode pour glisser ! Écoutez, allons plutôt en traîneau ; nous monterons sur l'Altenberg, et nous descendrons comme le vent. »

L'idée d'aller en traîneau me parut alors si magnifique, que je me voyais déjà dessus, descendant la côte en trépignant des talons, et poussant des cris de joie qui montaient jusqu'aux nuages.

J'en avais des éblouissements.

« Oui, dit Hans Aden ; mais comment avoir un traîneau ? »

— Laissez-moi faire, répondit Frantz Sépel, le plus malin de nous tous. Mon père en avait un l'année dernière, mais il était tout vermoulu, la grand'mère en a fait du feu. C'est égal, arrivez toujours. »

Nous le suivîmes pleins de doute et d'espérance. Tout en descendant la grande rue, devant chaque hangar nous faisions halte, le nez en l'air, et nous regardions d'un œil d'envie les *schlittes*[1] pendues aux poutres.

---

1. Traîneaux.

« Ça, disait l'un, c'est une belle *schlitte*, nous pourrions tous y tenir sans gêne.

— Oui, répondait un autre, mais elle serait trop lourde à traîner sur la côte : elle est en bois vert.

— Eh ! faisait Hans Aden, nous la prendrions tout de même, si le père Gitzig voulait nous la prêter ; mais c'est un avare : il garde sa *schlitte* pour lui seul, comme si les schlittes pouvait s'user.

— Arrivez donc ! » s'écriait Frantz Sépel qui marchait en avant.

Et toute la troupe se remettait en route. De temps en temps on regardait Scipio, qui marchait près de moi.

« Vous avez un beau chien, faisait Hans Aden, c'est un chien français ; ils ont de la laine comme les moutons et se laissent tondre sans rien dire. »

Frantz Sépel soutenait qu'il avait vu l'année précédente, à la foire de Kaiserslautern, un chien français avec des lunettes et qui comptait sur un tambour jusqu'à cent. Il devinait aussi toutes sortes de choses, et la grand'mère Anne pensait que ce devait être un sorcier.

Scipio, pendant ces discours, s'arrêtait et nous regardait. J'étais tout fier de lui. Le petit Karl, le fils du tisserand, disait que si c'était un sorcier, il pourrait nous faire avoir une *schlitte*, mais qu'il faudrait lui donner son âme en échange, et pas un de nous ne voulait lui donner son âme.

En causant ainsi, nous étions arrivés au bout de la grande rue, devant la maison du père Adam Schmitt, un vieux soldat de Frédéric II, qui recevait une petite pension pour acheter son pain et son tabac, et de temps en temps du *schnaps*[1].

Adam Schmitt avait fait la guerre de Sept ans et toutes les campagnes de Silésie et de Poméranie. Maintenant il était tout vieux, et depuis la mort de sa sœur Rœsel, il vivait

---

1. Eau-de-vie.

seul dans la dernière maison du village, une petite maison couverte de chaume, n'ayant qu'une seule pièce en bas, une au-dessus et le toit avec ses deux lucarnes. Elle avait aussi son hangar sur le côté, derrière un réduit à porc, et vers le village, un petit jardin entouré de haies vives, que le père Schmitt cultivait avec soin.

L'oncle Jacob aimait ce vieux soldat; quelquefois, en le voyant passer, il frappait à la vitre et lui criait : « Adam, entrez donc! »

Aussitôt l'autre entrait, sachant que l'oncle avait du véritable cognac de France dans une armoire, et qu'il l'appelait pour lui en offrir un petit verre.

Nous fîmes donc halte devant sa maison, et Frantz Sépel, se penchant sur la haie, nous dit :

« Regarde-moi ce traîneau. Je parie que le père Schmitt nous le prêtera, pourvu que Fritzel entre hardiment, qu'il mette la main à côté de l'oreille du vieux, et qu'il dise : « Père Adam, prêtez-nous votre *schlitte!* » Oui, je parie qu'il nous la prêtera, j'en suis sûr; seulement il faut du courage. »

J'étais devenu tout rouge; d'un œil je regardais le traîneau, et de l'autre la petite fenêtre à ras de terre. Tous les camarades, au coin de la maison, me poussaient par l'épaule en disant :

« Entre, il te la prêtera!

— Je n'ose pas, leur disais-je tout bas.

— Tu n'as pas de courage, répondait Hans Aden; à ta place, moi, j'entrerais tout de suite

— Laissez-moi seulement regarder un peu s'il est de bonne humeur. »

Alors je me penchai vers la petite fenêtre, et, regardant du coin de l'œil, je vis le père Schmitt assis sur un escabeau devant la pierre de l'âtre, où brillaient quelques braises au milieu d'un tas de cendres. Il nous tournait le dos; on ne voyait que sa longue échine, ses épaules voûtées, sa petite veste de toile bleue, qui ne rejoignait pas sa culotte de grosse toile grise, tant elle était courte, sa touffe de cheveux blancs tombant sur la nuque, son bonnet de coton bleu, la houppe sur le front, ses larges oreilles rouges écartées de la tête, et ses gros sabots appuyés sur la pierre de l'âtre. Il fumait sa pipe de terre, qui dépassait un peu de côté sa joue creuse.

Voilà tout ce que je vis, avec les dalles cassées de la masure, et dans le fond, à gauche, une sorte de crèche hérissée de paille. Cela ne m'inspirait pas beaucoup de confiance, et je voulais me sauver, lorsque tous les autres me poussèrent dans l'allée en disant tout bas :

« Fritzel... Fritzel... il te la prêtera, bien sûr !

— Non !

— Si !

— Je ne veux pas. »

Mais Hans Aden avait ouvert la porte, et j'étais déjà dans la chambre avec Scipio, les autres derrière moi, penchés, les yeux écarquillés, regardant et prêtant l'oreille.

Oh ! comme j'aurais voulu échapper ! Malheureusement Frantz Sépel, du dehors, retenait la porte à demi fermée; il n'y avait de place que pour sa tête et celle de Hans Aden, debout sur la pointe des pieds derrière lui.

Le vieux Schmitt s'était retourné :

« Tiens ! c'est Fritzel ! dit-il en se levant. Qu'est-ce qui se passe donc ? »

Il ouvrit la porte, et toute la bande s'enfuit comme une volée d'étourneaux. Je restai seul. Le vieux soldat me regardait tout étonné.

« Qu'est-ce que vous voulez donc, Fritzel ? » fit-il en prenant une braise sur l'âtre pour rallumer sa pipe éteinte.

Puis, voyant Scipio, il le contempla gravement en tirant de grosses bouffées de tabac.

Moi, j'avais repris un peu d'assurance.

Père Schmitt, lui dis-je, les autres veulent que je vous

demande votre traîneau pour descendre de l'Altenberg. »

Le vieux soldat, en face du caniche, clignait de l'œil et souriait. Au lieu de répondre, il se gratta l'oreille en relevant son bonnet, et me demanda :

« C'est à vous, ce chien, Fritzel?

— Oui, père Adam, c'est le chien de la cantinière française que l'oncle Jacob a relevée d'entre les morts, le soir de la grande bataille.

— Ah bon! c'est un chien de soldats; il doit connaître l'exercice. »

Scipio nous regardait le nez en l'air, et le père Schmitt, retirant la pipe de ses lèvres, dit :

« C'est un chien de régiment; il ressemble au vieux Michel, que nous avions en Silésie. »

Alors élevant la pipe, il s'écria : « Portez armes! » d'une voix si forte, que toute la baraque en retentit.

Mais quelle ne fut pas ma surprise, de voir Scipio s'asseoir sur son derrière, les pattes de devant pendantes, et se tenir comme un véritable soldat!

« Ha! ha! ha! s'écria le vieux Schmitt, je le savais bien! »

Tous les camarades étaient revenus; les uns regardaient par la porte entr'ouverte, les autres par la fenêtre. Scipio ne bougeait pas, et le père Schmitt, aussi joyeux qu'il avait paru grave auparavant, lui dit :

« Attention au commandement de marche! » Puis imitant le bruit du tambour, et marchant en arrière sur ses gros sabots, il se mit à crier :

« *Arche!* Pan... pan... rantanplan... Une... *deusse!*... Une... *deusse!* »

Et Scipio marchait avec une mine grave étonnante, ses longues oreilles sur les épaules et la queue en trompette.

C'était merveilleux: mon cœur sautait.

Tous les autres, dehors, paraissaient confondus d'admiration.

« ATTENTION AU COMMANDEMENT DE MARCHE ! »

« Halte! » s'écria Schmitt, et Scipio s'arrêta.

Alors je ne pensais plus à la *schlitte* ; j'étais tellement fier des talents de Scipio, que j'aurais voulu courir à la maison, et crier à l'oncle : « Nous avons un chien qui fait l'exercice! »

Mais Hans Aden, Frantz Sépel et tous les autres, encouragés par la bonne humeur du vieux soldat, étaient entrés, et se tenaient en extase, le dos à la porte et le bonnet sous le bras.

« En place, repos! » dit le père Schmitt, et Scipio retomba sur ses quatre pattes, en secouant la tête et se grattant la nuque avec une patte de derrière, comme pour dire : « depuis deux minutes une puce me démange ; mais on n'ose pas se gratter sous les armes! »

J'étais devenu muet de joie en voyant ces choses, et je n'osais appeler Scipio, de peur de lui faire honte ; mais il vint se ranger de lui-même près de moi, modestement, ce qui me combla de satisfaction ; je me considérais en quelque sorte comme un feld-maréchal à la tête de ses armées ; tous les autres me portaient envie.

Le père Schmitt regardait Scipio d'un air attendri ; on voyait qu'il lui rappelait le bon temps de son régiment.

« Oui, fit-il au bout de quelques instants, c'est un vrai chien de soldat. Mais reste à savoir s'il connaît la politique, car beaucoup de chiens ne savent pas la politique. »

En même temps, il prit un bâton derrière la porte et le mit en travers, en criant :

« Attention au mot d'ordre! »

Scipio se tenait déjà prêt.

« Saute pour la République! » cria le vieux soldat.

Et Scipio sauta par-dessus le bâton, comme un cerf.

« Saute pour le général Hoche! »

Scipio sauta.

« Saute pour le roi de Prusse! »

Mais alors Scipio s'assit sur sa queue d'un air très ferme,

et le vieux bonhomme se mit à sourire tout bas, les yeux plissés, en disant :

« Oui, il connaît la politique... hé! hé! hé! Allons... arrive! »

Il lui passa la main sur la tête, et Scipio parut très content.

« Fritzel, me dit alors le père Schmitt, vous avez un chien qui vaut son pesant d'or; c'est un vrai chien de soldat. »

Et, nous regardant tous, il ajouta :

« Puisque vous avez un si bon chien, je vais vous prêter ma *schlitte;* mais vous me la remènerez à cinq heures, et prenez garde de vous casser le cou. »

Il sortit avec nous et décrocha son traîneau du hangar.

Mon esprit se partageait alors entre le désir d'aller annoncer à l'oncle les talents extraordinaires de Scipio, ou de descendre l'Altenberg sur notre *schlitte*. Mais, quand je vis Hans Aden, Frantz Sépel, tous les camarades, les uns devant, les autres derrière, pousser et tirer en galopant comme des bienheureux, je ne pus résister au plaisir de me joindre à la bande.

Schmitt nous regardait de sa porte.

« Prenez garde de rouler! » nous dit-il encore.

Puis il entra, pendant que nous filions dans la neige. Scipio sautait à côté de nous. Je vous laisse à penser notre joie, nos cris et nos éclats de rire jusqu'au sommet de la côte.

Et quand nous fûmes en haut, Hans Aden devant, les mains cramponnées aux patins recourbés, nous autres derrière assis trois à trois, Scipio au milieu, et que tout à coup la *schlitte* partit, ondulant dans les ornières et filant par-dessus les rampes : quel enthousiasme!

Ah! l'on n'est jeune qu'une fois!

Scipio, à peine le traîneau parti, avait passé d'un bond par-dessus nos têtes. Il aimait mieux courir, sauter, aboyer,

AH! L'ON N'EST JEUNE QU'UNE FOIS!

se rouler dans la neige comme un véritable enfant, que d'aller en *schlitte*. Mais tout cela ne nous empêchait pas de conserver un grand respect pour ses talents ; chaque fois que nous remontions et qu'il marchait près de nous plein de dignité, l'un ou l'autre se retournait, et, tout en poussant, disait :

« Vous êtes bien heureux, Fritzel, d'avoir un chien pareil ; Schmitt Adam dit qu'il vaut son pesant d'or.

— Oui, mais il n'est pas à eux, criait un autre, il est à la femme. »

Cette idée que le chien était à la femme me rendait tout inquiet, et je pensais : « Pourvu qu'ils restent tous les deux à la maison ! »

Nous continuâmes à monter et à descendre ainsi jusque vers quatre heures. Alors la nuit commençait à se faire, et chacun se rappela notre promesse au père Schmitt. Nous reprîmes donc le chemin du village. En approchant de la demeure du vieux soldat, nous le vîmes debout sur sa porte. Il nous avait entendus rire et causer de loin.

« Vous voilà ! s'écria-t-il ; personne ne s'est fait de mal ?
— Non, père Schmitt.
— A la bonne heure. »

Il remit sa *schlitte* sous le hangar, et moi, sans dire ni bonjour ni bonsoir, je partis en courant, heureux d'annoncer à l'oncle quel chien nous avions l'honneur de posséder. Cette idée me rendait si content, que j'arrivai chez nous sans m'en apercevoir ; Scipio était sur mes talons.

« Oncle Jacob, m'écriai-je en ouvrant la porte, Scipio connaît l'exercice ! le père Schmitt a vu tout de suite que c'était un véritable chien de soldat ; il l'a fait marcher sur les pattes de derrière comme un grenadier, rien qu'en disant : « Une... deusse ! »

L'oncle lisait derrière le fourneau ; en me voyant si enthousiaste, il déposa son livre au bord de la cheminée et me dit d'un air émerveillé :

« Est-ce bien possible, Fritzel? Comment!... comment!...

— Oui! m'écriai-je, et il sait aussi la politique : il saute pour la République, pour le général Hoche, mais il ne veut pas sauter pour le roi de Prusse. »

L'oncle alors se mit à rire, et regardant la pauvre cantinière blessée, qui souriait aussi dans l'alcôve, le coude sur l'oreiller :

« Madame Thérèse, dit-il d'un ton grave, vous ne m'aviez pas encore parlé des beaux talents de votre chien. Est-il bien vrai que Scipio sache tant de belles choses?

— C'est vrai, monsieur le docteur, dit-elle en caressant le caniche qui s'était approché du lit et qui lui tendait la tête d'un air joyeux; oui, il sait tout cela, c'était l'amusement du bataillon ; mon frère Petit-Jean, le jeune tambour, lui montrait tous les jours quelque chose de nouveau. N'est-ce pas, mon pauvre Scipio, tu jouais à la drogue, tu remuais des dés pour la bonne chance, tu battais la diane? Tu faisais rire tout notre monde par ton air grave et tes talents; on oubliait les fatigues de la route autour de toi, on riait de bon cœur ! »

Elle disait ces choses, tout attendrie, d'une voix douce, en souriant un peu tout de même. Scipio avait fini par se dresser, les pattes au bord du lit, pour entendre son éloge.

Mais l'oncle Jacob, voyant que madame Thérèse s'attendrissait de plus en plus à ces souvenirs, ce qui pouvait lui faire du mal, me dit :

« Je suis bien content, Fritzel, d'apprendre que Scipio sache faire l'exercice et qu'il connaisse la politique; mais toi, qu'as-tu fait depuis midi?

— Nous avons été en traîneau sur l'Altenberg, oncle; le père Adam nous a prêté sa *schlitte*.

— C'est très bien. Mais tous ces événements nous ont fait oublier M. de Buffon; si cela continue, Scipio en saura bientôt plus que toi. »

En même temps il se leva, prit dans l'armoire l'*Histoire*

naturelle de M. de Buffon, et posa la chandelle sur la table :

« Allons, Fritzel, me dit-il, souriant en lui-même de ma mine longue, car je me repentais d'être revenu si tôt, allons ! »

Il s'assit et me fit asseoir sur ses genoux.

Cela me parut bien amer, de me remettre à M. de Buffon ; après une journée pareille, mais l'oncle avait une patience qui me forçait d'en avoir aussi, et nous commençâmes la leçon de français.

XII

AUTREFOIS

Figurez-vous dans ce temps, un pauvre vannier avec sa femme et six enfants, sans un liard, sans un pouce de terre, sans une chèvre, sans une poule; enfin, sans autre ressource que son travail pour vivre. Et pas d'espoir ni pour lui ni pour ses enfants, d'obtenir un meilleur sort! parce que c'était l'ordre, parce que les uns venaient au monde nobles, et devaient tout avoir, et que les autres naissaient vilains, et devaient rester misérables dans tous les siècles.

Qu'on se figure cet état : les grands jours de jeûne, les nuits d'hiver, sans feu ni couverture; la peur des collecteurs, des sergents, des gardes forestiers, des garnisaires!... Eh bien! malgré tout, au printemps, quand le soleil revenait après un long hiver, qu'il entrait dans la pauvre baraque, qu'il éclairait les toiles d'araignée entre les poutres, le petit âtre dans le coin à gauche, le pied de l'échelle à droite, l'air battue de notre hutte, et que la chaleur, la bonne chaleur nous réchauffait; que le grillon se remettait à chanter, les bois à reverdir, malgré tout, nous étions heureux de vivre, de nous étendre devant la porte, — nos petits pieds nus dans les mains, — de rire, de siffler, de regarder le ciel, et de nous rouler dans la poussière.

Et quand nous voyions le père sortir du bois, son grand

fagot de genêts verts ou de brindilles de bouleaux sur l'épaule, le manche de la cognée dessous, les cheveux pendant sur la figure, et qu'il se mettait à sourire, en nous découvrant de loin, tous nous courions à sa rencontre. Alors il dressait le fagot une minute, pour embrasser les plus petits : sa figure, ses yeux bleus, son nez un peu fendu par le bout, ses grosses lèvres s'éclairaient; il paraissait bien heureux.

Qu'il était bon !... qu'il nous aimait !... Et la mère, donc, la pauvre femme, déjà grise et ridée à quarante ans, et pourtant toujours courageuse, toujours aux champs à piocher la terre des autres, pour nourrir la couvée, payer les tailles, les impositions, les redevances de toute sorte! Quel courage et quelle misère de travailler toujours, sans autre espoir que les récompenses de la vie éternelle!

Nous étions quatre garçons et deux filles : Nicolas, Lisbeth, moi, Claude, Mathurine et le petit Étienne, un pauvre être contrefait, pâle, chétif, que les gens des Baraques appelaient « le petit canard » parce qu'il marchait en se balançant sur ses pauvres jambes estropiées. Tous les autres se portaient bien.

La mère disait parfois en nous regardant, Nicolas, Claude et moi :

« Ne te chagrine pas tant, Jean-Pierre; sur trois, il faudra bien qu'un gagne à la milice. Alors nous le vendrons, et nous aurons aussi de l'argent! »

Il faut être bien malheureux, pour avoir des idées pareilles. Le père ne répondait rien, et nous autres nous trouvions tout naturel d'être vendus; nous croyions appartenir à nos père et mère, comme une espèce de bétail. La grande misère vous empêche de voir les choses comme elles sont; avant la Révolution, excepté les nobles et les bourgeois, tous les pères de famille regardaient leurs enfants comme leur bien; c'est ce qu'on trouve si beau; c'est ce qui fait dire que le respect des père et mère était plus grand !

Par bonheur pour nous, notre père avait bon cœur, et

souvent le pauvre homme pleurait, lorsqu'au milieu de la grande disette, en hiver, il était forcé de nous envoyer mendier, comme tout le monde. Il ne voulait jamais laisser sortir dans la neige le petit Étienne. Moi, je n'allai pas mendier longtemps non plus ; c'est à peine si je me rappelle être sorti sur la route de Mittelbronn et des Quatre-Vents, deux ou trois fois, et bien jeune, car à huit ans, mon parrain Jean Leroux, aubergiste et forgeron à l'autre bout du village, m'avait déjà pris pour garder son bétail, et je ne retournais plus dans notre baraque que le soir, pour dormir.

Une fois chez le parrain, je n'étais plus à plaindre ; j'avais ma paire de souliers tous les ans et la nourriture. Combien d'autres auraient été heureux d'en avoir autant ! Et je le savais, je ne négligeais rien pour contenter maître Jean, Mme Catherine, sa femme, et jusqu'au compagnon Valentin, jusqu'à la servante Nicole. Je me tenais bien avec tout le monde. Je courais quand on m'appelait, soit pour tirer le soufflet à la forge, soit pour grimper au fenil, jeter le foin aux bêtes ; je n'aurais pas même voulu mécontenter le chat de la maison ; car d'être assis au bout d'une bonne table, en face d'une bonne soupe à la farine, d'un plat de choux, garni de lard les dimanches, de manger du bon pain de seigle autant qu'on veut ; ou d'avoir le nez dans une écuelle de fèves, avec un peu de sel, que la mère épargne, et de compter ses cuillerées, cela fait une grande différence.

Quand on est bien, il faut s'y tenir. Aussi tous les matins, à quatre heures en été, à cinq en hiver, lorsque les gens de l'auberge dormaient encore, et que les bêtes ruminaient à l'écurie, j'arrivais déjà devant la porte, où je donnais deux petits coups. Aussitôt la servante s'éveillait, elle se levait et m'ouvrait dans la nuit. J'allais remuer les cendres à la cuisine, pour trouver une braise, et j'allumais la lanterne. Ensuite, pendant que Nicole s'occupait de traire les vaches, moi je courais au grenier chercher le foin et l'avoine, et je donnais leur picotin aux chevaux des rouliers et des marchands de grains, qui couchaient à l'auberge la veille des marchés. Ils descendaient, ils regardaient et trouvaient tout en ordre. Après cela, je les aidais encore à tirer les charrettes du hangar, à passer la bride, à serrer les boucles. Et puis, quand ils partaient et qu'ils se mettaient à crier : « Hue, Fox! Hue, Reppel! » mon petit bonnet de laine à la main, je leur souhaitais le bonjour.

Ces gros rouliers, ces marchands de farine ne me répondaient pas seulement; mais ils étaient contents, ils ne trouvaient rien à redire au service : voilà le principal !

Et Nicole, une fois rentrée dans la cuisine, me donnait une écuelle de lait caillé, que je mangeais de bon appétit. Elle me donnait encore un gros morceau de pain pour aller au pâturage, deux ou trois bons oignons, quelquefois un œuf dur, ou bien un peu de beurre. Je fourrais tout cela dans mon sac, et je rentrais à l'écurie, la bretelle sur l'épaule, en claquant du fouet. Les bêtes défilaient l'une après l'autre, je les caressais, et nous descendions sur une seule file au vallon des Roches; moi derrière, courant comme un bienheureux.

Les gens de Phalsbourg, qui vont se baigner au vallon de la Zorne, connaissent ces masses de rochers entassés à perte de vue, les maigres bruyères qui poussent dans leurs crevasses, et le filet d'eau plein de cresson des fontaines en bas, qui se dessèche aussitôt que les papillons blancs de juin arrivent.

C'est là que j'allais, car nous avions droit de vaine pâture sur les terres de la ville; et seulement à la fin d'août, après la grande sève, quand les jeunes pousses avaient pris du bois, et que les bêtes ne pouvaient plus les brouter, nous entrions dans la forêt.

En attendant, il fallait vivre au grand soleil.

Le *hardier*[1] de Phalsbourg n'amenait que des pour-

---

1. Pâtre.

ceaux, qui, pendant les chaleurs de midi, faisaient leur trou dans le sable et se vautraient les uns contre les autres, comme des poules dans un pailler. Ils dormaient, leurs grandes oreilles roses sur les yeux ; on aurait marché dessus sans les faire bouger.

Mais nos chèvres, à nous autres des Baraques, grimpaient jusque dans les nuages ; il fallait courir, siffler, envoyer les chiens ; et ces coquines de bêtes, plus on criait, plus elles montaient.

Les garçons des autres villages venaient aussi, l'un avec sa vieille rosse aveugle, l'autre avec sa vache pelée, et presque tous avec rien, pour claquer du fouet, siffler ou courir déterrer des navets, des raves, des carottes à droite et à gauche dans les champs. Quand le *bangard*[1] les attrapait, on les promenait en ville, un collier d'orties autour du cou ; mais cela leur était bien égal ! La seule chose qui leur faisait beaucoup, c'était à la seconde ou troisième fois, selon l'âge, d'être fouettés sur la place, un jour de marché. Le *rifleur*[2] leur écorchait tout le dos avec son nerf de bœuf, et s'ils recommençaient, on les envoyait en prison.

Combien de fois, en écoutant des gens riches crier contre la Révolution, je me suis rappelé tout à coup que leur grand'mère ou leur grand-père avait été *riflé* au bon vieux temps ; malgré moi, j'étais forcé de rire : on trouve de drôles de choses dans ce monde !

Enfin, il faut pourtant le dire, c'est aussi ce temps que je regrette, pas à cause du *rifleur* et des nobles, mais parce que j'étais jeune.

Mon grand frère Nicolas et les autres, Claude, Lisbeth, Mathurine, arrivaient. Ils me prenaient mon sac, et je criais ; nous nous disputions. Mais, s'ils m'avaient tout pris, maître Jean aurait été les trouver le soir à la baraque ; ils s'en

1. Garde-champêtre. — 2. Bourreau.

doutaient, et me laissaient ma bonne part, en m'appelant :
— leur chanoine!

Après cela, notre grand Nicolas me défendait. Tous les villages, dans ce temps, — Hultenhausen, Lutzelbourg, les Quatre-Vents, Mittelbronn, les Baraques d'en haut et d'en bas, — se battaient à coups de pierres et de bâtons ; et notre grand Nicolas, son morceau de tricorne sur la nuque, son vieil habit de soldat, tout déchiré, boutonné jusque sur les cuisses, sa grande trique et ses pieds nus, marchait à la tête des Baraquins, comme un chef de sauvages ; il criait si fort : « En avant! » qu'on l'entendait jusque sur la côte de Dann.

Je ne pouvais pas m'empêcher de l'aimer, car à chaque instant il disait :

« Le premier qui touche à Michel, gare ! »

Seulement, il me prenait mes oignons et cela m'ennuyait.

On avait aussi l'habitude de faire battre les bêtes ensemble ; et lorsqu'elles sé poussaient cornes contre cornes, jusqu'à se déhancher, Nicolas disait en riant :

« La grande Rousse va bousculer l'autre!... Non ; maintenant, l'autre l'attaque par dessous... Hardi!... Hardi!... »

Plus d'une fois elles attrapaient des entorses, ou laissaient une corne sur le champ de bataille.

Vers le soir, on s'asseyait, le dos contre un rocher, à l'ombre, on regardait la nuit venir, on écoutait l'air bourdonner, et tout au loin, dans le ruisseau, les grenouilles commencer leur chanson.

C'était le moment de rentrer. Nicolas cornait, les échos répondaient de toutes les roches, les bêtes se réunissaient et remontaient en ligne aux Baraques, dans un nuage de poussière. Je faisais rentrer les nôtres à l'étable, je garnissais les râteliers et je soupais avec maître Jean, dame Catherine et Nicole. En été, quand on travaillait à la forge, je tirais le soufflet jusqu'à dix heures ; et puis je retournais coucher à la baraque de mon père, tout au bout du village.

XIII

l'installation d'un nouveau sous-maitre.

Le lendemain 15 octobre 1876, avant le jour, des sabots montaient lentement l'escalier, et madame Catherine la femme du vieux maître d'école, le nez à ras du plancher, m'appelait tout bas :

« Jean-Baptiste !... Jean-Baptiste !... »
Je m'éveillai.

« C'est l'heure, dit-elle en posant la lampe et une grande écuelle d'eau fraîche devant ma porte, levez-vous. »

Et je sautai de mon lit chaud, pendant qu'elle redescendait.

Le brouillard de la vallée, qui s'élève tous les matins, entrait jusque sous les bardeaux de la mansarde. Jamais je n'avais senti cette fraîcheur, et je me dépêchais en grelottant de passer mon pantalon, de mettre mes souliers, et puis de me laver les mains, la figure, le cou dans la grande écuelle. Les vitres de mes petites lucarnes étaient comme ouatées de brouillard ; en bas, le feu pétillait dans la cuisine et les gros souliers de M. Guillaume se traînaient déjà sur le plancher. Dans ces baraques, presque entièrement construites en planches, en madriers de sapin, on entend les moindres mouvements à l'intérieur. Au bout de quelques instants, j'étais habillé, je n'avais plus qu'à descendre ;

mais alors le soleil commençait à percer les nuages, et de longues traînées d'or couraient sur la Sarre, éclairant les vieux sapins verdoyants et les hêtres roux sur la côte. J'ouvris la lucarne, et je regardai une minute ce spectacle grandiose : j'étais content de vivre là !

Ensuite je descendis, et je trouvai le vieil instituteur, qui se promenait dans la chambre, les épaules courbées, l'air rêveur.

Je lui souhaitai le bonjour, et tout de suite il me dit :

« Aujourd'hui pour la dernière fois j'ai sonné matines et l'école, parce que vous étiez fatigué ; mais ce n'est pas l'affaire de l'instituteur de sonner les cloches, ça regarde le sous-maître, il faudra vous lever une heure plus tôt.

— C'est bon, monsieur, je ne l'oublierai pas.

— Oui, fit-il. Et maintenant causons d'autre chose. »

Il s'était redressé et me regardait dans les yeux.

« Vous savez lire, écrire, c'est bien ; mais connaissez-vous la cursive, la bâtarde, la gothique ? Ecrivez-vous en fin, en moyen, en gros ?

— Oui, monsieur.

— Oui... chacun peut dire oui, c'est facile ; mais il faut voir. Après ça, connaissez-vous vos quatre règles ? »

Je n'osais plus répondre.

« Et les fractions, fit-il en élevant la voix, connaissez-vous les fractions ? »

A la manière dont M. Guillaume me demandait cela, je voyais qu'il considérait les fractions comme une chose terriblement difficile et que peu d'instituteurs connaissaient. Je les savais pourtant, ayant été parmi les bons élèves de M. Bastien, de Saint-Nicolas ; mais la timidité me gagnait, je baissais les yeux.

« C'est tout cela qu'il faut voir, dit-il en se remettant à marcher. Quant aux fractions, je ne demande pas absolument qu'un sous-maître les sache, plus d'un maître est embarrassé sur la multiplication des deux tiers par les quatre cinquièmes... Oui... c'est une chose grave... il faut avoir fait de bonnes études ; mais pour la bâtarde et la cursive, je veux un bon sous-maître. Vous ferez deux exemples, un de chaque écriture, et je verrai. »

Il me posa d'autres questions encore, me demandant si je savais toiser, traîner la chaîne, planter les piquets et poser le niveau. Puis madame Catherine, en jupon de laine et bras de chemise, ses grandes poches d'une aune pendues à droite et à gauche, apporta l'écuelle de soupe aux pommes de terre et la posa sur la table : du lait, des pommes de terre écrasées, un peu de beurre, du sel, quelques tranches de pain coupées bien minces et des poireaux, voilà cette bonne soupe, dont l'odeur seule en passant me fit tourner la tête.

On s'assit et l'on mangea de bon appétit. Les bancs de l'école au-dessous se remplissaient, on entendait rouler les sabots.

Tout en mangeant, M. Guillaume me dit qu'il voulait bien croire que j'écrivais la bâtarde, la cursive et la gothique, mais que cela ne suffisait même pas, et qu'un vrai sous-maître devait savoir aussi se faire respecter ; que depuis le printemps dernier deux sous-maîtres avaient été forcés de partir, faute d'avoir la poigne assez solide.

« Vous saurez, me dit-il, que dans ce pays les enfants ne valent pas deux liards, qu'ils sont tous coureurs, dénicheurs de nids, fainéants, joueurs, batailleurs, rapineurs, enfin qu'ils ont tous les défauts réunis ensemble, comme leurs parents, qui ne les enverraient jamais à l'école, s'il ne fallait pas avoir fait sa première communion pour apprendre un état. Sans la première communion, ils resteraient toute l'année, comme des sauvages, dans les rochers, dans les bois, aux pâturages, à déterrer les carottes, les pommes de terre et les navets des autres. S'il ne fallait pas avoir une religion, tous ces gens-là ne se moqueraient pas mal de nous, l'instituteur et son sous-maître mourraient de faim !

Heureusement il faut une religion, et c'est pour cela que pendant les deux ou trois ans qu'ils apprennent le catéchisme, et que nous les tenons sous notre coupe, nous avons juste le temps de les redresser. On les redresse à coups de baguette. Voyez ce paquet de noisetiers que j'ai là derrière l'horloge, dit-il, j'en use tous les ans deux ou trois pareils sur leur dos. Il ne faut pas avoir peur de les casser, la côte en produit en abondance. Si quelqu'un de ces mauvais gueux vous manque de respect, s'il fait des signes, soit avec la main, en clignant de l'œil, ou bien en riant pour exciter le rire des autres, tombez dessus et tapez!... Tapez jusqu'à ce qu'il crie et que la salle, en entendant cela, pense : — Celui-là n'est pas un M. Jacques ou un M. Philippe ; c'est un vrai sous-maître ! — Alors ils vous respecteront, et vous n'aurez qu'à regarder à droite ou à gauche du coin de l'œil, tous frémiront dans leur peau et se dépêcheront de mettre le nez dans la croisette : Vous m'entendez?

— Oui, monsieur.

— Eh bien ! maintenant descendons, la salle est pleine. Et prenez une baguette, il faut que chacun ait la sienne. »

Lui-même visita le paquet et m'en remit une des plus solides, grosse comme le petit doigt, et nous descendîmes. Toute ma vie j'aurai devant les yeux cette grande salle d'école remplie d'enfants, avec ses trois lignes de bancs au milieu pour les petits, que le père Guillaume appelait « bancs des chats », et ses tables en carré autour des murs, où se trouvaient assis des deux côtés les grands, tout crasseux, déguenillés, les vestes et les pantalons percés aux coudes et aux genoux, quelques-uns en sabots, d'autres pieds nus comme de vrais sauvages. Pas un, j'en suis sûr, n'avait été lavé depuis des semaines et des mois.

Tout cela ne sentait pas bon.

Au moment où nous entrions dans l'allée, un bruit de disputes, d'éclats de rire et de batailles faisait trembler la vieille baraque; mais à peine M. Guillaume eut-il touché le loquet que tout se tut; on aurait entendu voler une mouche. Il s'arrêta sur la porte deux secondes; chacun était à sa place, penché sur son livre. Malgré cela, les plus hardis me regardaient en tournant les yeux en dessous et se grattant l'oreille ou la hanche d'un air de réflexion, comme des singes qui rêvent à quelque chose; ils pensaient sans doute : « Voilà le nouveau sous-maître, celui qui remplace l'autre, que nous avons fait partir. Est-ce qu'on pourra se moquer de lui? Est-ce qu'il se fâchera?... Est-ce qu'il se laissera grimper sur les épaules? »

Cela se voyait clairement à leur mine, et pourtant ils ne bougeaient pas et faisaient semblant d'étudier.

M. Guillaume s'avança lentement jusqu'au milieu de la salle et me dit :

« Monsieur Jean-Baptiste, approchez!... Et, vous autres, écoutez bien ce que je vais vous dire... Voici le nouveau sous-maître!... Celui-là ne ressemble pas aux autres; c'est un bon sous-maître, que j'ai fait venir exprès, comme il en faut un pour des gueux de votre espèce, qui n'entendent rien à la douceur et se plaisent dans la fainéantise. Eh bien! vous allez être contents... Gare!... gare à celui qui ne fera pas son devoir; je ne vous dis que ça! »

Alors il alla s'asseoir dans sa chaire, pour tailler des plumes. Moi, je me promenais dans la salle, inspectant les ardoises. On se mit ensuite à chanter le *BA, BA*, pendant une demi-heure. M. Guillaume m'avait fait signe de m'asseoir dans sa chaire et d'écrire deux exemples. Il paraissait content et me dit :

« Ça marchera!... »

Puis, ayant donné le signal aux petits de se taire, il m'ordonna d'aller faire réciter le catéchisme à ceux de la première classe; et comme je m'approchais, ne connaissant pas encore le nom des élèves, un de ces polissons, un brun crépu, les cheveux ébouriffés, le nez camard et la peau tannée par le grand air, se mit à se moucher lentement.

« Levez-vous, » lui dis-je.

Il avait la tête baissée et continuait de se moucher avec un bruit de clarinette, sans avoir l'air de m'entendre.

« Levez-vous, » lui dis-je encore.

Mais il redoublait, de sorte que toute l'école partit d'un éclat de rire. Alors, me rappelant la recommandation du maître, je lui donnai deux coups de baguette pas trop fort, qui le firent crier comme si je l'avais écorché.

M. Guillaume avait vu ces choses. Tout à coup il arriva, la figure pâle et mauvaise, avec son noisetier ; il serrait les dents et lança d'abord un coup terrible au gueux, un coup qui fit une raie blanche sur sa veste, depuis l'oreille jusqu'au bas des reins. Il bégayait : « Ah ! tu cries... ah ! tu cries... Eh bien, je vais te donner des raisons de crier. »

Et il continuait tellement que le garçon n'avait plus la force de crier, et qu'il se penchait sur la table, comme en faiblesse.

Les autres entendant ces grands coups se suivre, les cheveux leur en dressaient sur la tête. A la fin, le père Guillaume finit pourtant et me dit :

« Vous connaissez maintenant la manière de vous y prendre. Hardi ! hardi ! il n'y a que le premier pas qui coûte. »

Pour dire la vérité, ce moyen me parut très commode ; j'étais dans l'âge où le plus simple vous paraît toujours le meilleur, et, puisque les autres sous-maîtres avaient été forcés de partir à cause de leur douceur, je résolus de taper solidement, plutôt que de m'en aller. Si la race sauvage ne voulait pas obéir, tant pis pour elle, cela devait lui causer plus d'ennuis qu'à moi. — Voilà ce que je me dis, en voyant que l'ordre s'était rétabli tout de suite, et que chacun se levait bien vite, lorsque je lui faisais signe, sans avoir envie de rire ni de se moucher. Aussi le reste de la classe se passa très bien, et vers onze heures, après la prière, tous les élèves partirent tranquillement, en criant :

« Bonjour, monsieur Guillaume! Bonjour, monsieur Jean-Baptiste! »

Une fois la salle vide, le vieux maître riant tout bas, me dit :

« Vous les entendez... ils savent déjà votre nom : « Bonjour, monsieur Jean-Baptiste! » C'est bon signe. Maintenant, à l'école du soir, si l'on vous manque, recommencez; tapez sec, et dans huit jours ils auront plus de considération pour vous qu'ils n'en avaient pour les autres au bout de six mois. »

En montant l'escalier dehors et en voyant cette foule d'enfants s'en aller par trois, par quatre, causant entre eux du nouveau sous-maître, il me dit encore :

« Tenez, les autres jours ils courent et remplissent le village de leur vacarme; aujourd'hui, tous sont comme étonnés... Et ce grand Arnette, cette espèce de nègre, comme il se frotte encore le dos... Ah! gueux, tu veux faire rire les autres, eh bien, nous allons voir celui qui rira le dernier. »

Voilà comment les maîtres d'école traitaient les enfants qu'ils étaient chargés d'instruire, du temps de Sa Majesté le roi Louis XVIII.

XIV

LES ANABAPTISTES.

Nous étions alors au mois de mai 1818, une année très chaude et très précoce ; les neiges s'étaient mises à fondre en mars ; il n'en restait plus depuis longtemps. De ma petite fenêtre, à travers les brindilles de lierre, je voyais tout reverdir sur la côte ; les genêts à boutons d'or et les bruyères roses s'étendaient jusque sous les roches, où la myrtille, la ronce et le chèvrefeuille grimpaient à foison. Chaque matin je m'éveillais au chant du coq, avant le jour, et, poussant ma petite croisée, les coudes sur le toit, j'admirais les grands bois noyés dans l'azur du vallon ; j'écoutais les merles, les grives, les chardonnerets, les fauvettes s'égosiller au loin dans les cerisiers en fleur, dans les grands pommiers blancs, sous la voûte des chênes et le branchage sombre des sapins. Ils bâtissaient leurs nids et se réjouissaient. Jamais je ne m'étais senti plus heureux. Cette bonne fraîcheur du matin, qui précède la journée, me donnait des frissons d'enthousiasme.

Malheureusement mon école se dépeuplait de jour en jour, mes élèves s'en allaient à la file ; l'un gardait les chèvres, l'autre aidait son père à la coupe, l'autre conduisait la bourrique de ses parents en Alsace pour vendre des sabots, étamer des casseroles, réparer des chaudrons. Le hameau des Roches fournissait des chaudronniers et des sabotiers à toute la plaine et à toute la montagne. Moi, je restais là, devant mes bancs vides, avec cinq ou six élèves, les fils des notables, qui bâillaient et n'attendaient que le moment de courir aux champs.

Parmi les derniers élèves qui me restaient, se trouvaient Jacques e' PhilippeHutin, les fils du vieux garde Jérôme, qui représentait avec M. le conseiller municipal, Nicolas Ferré, l'autorité supérieure aux Roches. Ce vieux garde, homme sec, petit, trapu, le nez mince, recourbé, les moustaches grisonnantes, les yeux noirs et perçants, avait l'air tout à fait décidé. Il était natif de Remiremont, dans les Vosges, et chaque fois que j'allais dîner et souper chez lui, il se plaisait à me raconter ses campagnes en Italie, en Suisse, en Hollande et le long du Rhin. Il parlait clairement et sans vanterie, comme il n'arrive pas toujours aux vieux soldats. Quant à l'intérieur de sa maison, la dernière du hameau des Roches, on ne pouvait en voir de plus propre et de mieux tenue dans sa pauvreté. Le linge était toujours blanc, le plancher bien lavé et balayé, la vaisselle bien récurée, les meubles luisants, les petites fenêtres transparentes. La fille aînée du père Jérôme, Mlle Toinette, veillait à tout, la mère étant morte depuis plusieurs années. Cette jeune fille, de seize à dix-sept ans au plus, que les gens des Roches appelaient « la frisée », conduisait le ménage de son père mieux qu'une femme de trente ans. Elle avait une jolie figure fraîche et riante, de beaux cheveux blonds et de grands yeux gris clair. C'était un petit être plein de courage, d'intelligence et de vivacité, allant, venant, trottant comme une alouette, dressant la table, faisant la cuisine, veillant sur ses petits frères et sœurs, riant avec eux, les embrassant et les corrigeant au besoin. On reconnaissait en elle le vieux sang français de la montagne, vif et pur comme l'eau de source. Faire beaucoup avec peu de chose, se tirer d'affaire quand on n'a presque rien, apprêter un

MOI, JE RESTAIS LA, DEVANT MES BANCS VIDES

bon repas avec quelques œufs, quelques herbes, un peu de sel, trouver moyen d'être toujours aussi propre, aussi bien mise avec une jupe de toile et une cornette d'indienne que d'autres avec des robes de soie ; et puis s'égayer, répondre à tout vivement, avec esprit et même un peu de malice, voilà ce qu'on ne rencontre pas souvent.

Chaque fois que le tour de Jérôme Hutin de m'héberger arrivait, — car je mangeais chez les parents de mes élèves, à tour de rôle, — j'en étais bien content. Le garde me recevait en camisole de laine et gros sabots, ayant toujours soin d'ôter ses souliers et ses guêtres en rentrant de tournée. Le dîner était-il servi, on s'asseyait tout de suite ; au cas contraire, on sortait faire un tour au jardin. Le père Jérôme greffait ses arbres, il avait de meilleurs fruits que ses voisins et en plus grande abondance ; il m'expliquait la manière de les obtenir et s'étendait avec complaisance sur toutes les améliorations qu'il avait faites à la culture des Roches, sur les engrais, sur l'irrigation, sur l'échenillage et le chaulage des arbres fruitiers, car, dès ce temps, il mettait de la chaux autour des vieux troncs, pour empêcher les insectes de s'y loger et d'y monter ; il murait avec soin leurs plaies, pour les empêcher de s'étendre et de gagner le cœur de l'arbre. Toutes ces choses, il les avait vu pratiquer ailleurs durant ses campagnes, tandis que des milliers d'autres n'y faisaient pas attention. Les progrès que j'avais fait faire à ses deux garçons lui donnaient pour moi de la considération et même de l'amitié, de sorte que, voyant partir mes élèves, c'est à lui que je me plaignais. Il m'écoutait gravement et me répondit un jour :

« Vous avez raison, monsieur Renaud, la plus grande misère de ce pays, c'est de retirer les enfants de l'école pour les envoyer garder les chèvres, grimper aux arbres, dénicher les oiseaux et commettre toute sorte de délits, qui les habituent à ne plus respecter l'autorité. C'est comme cela qu'on devient mendiant, vagabond, braconnier et propre à rien ; mais que voulez-vous ! cela dure depuis des années et des années. A moins de forcer les parents par des amendes de laisser leurs enfants à l'école, été comme hiver, jusqu'à douze ou treize ans, cela continuera toujours. C'est l'affaire des préfets, des supérieurs et du roi, qui ne s'en inquiètent guère. Moi, je tiens à ce que mes garçons s'instruisent ; ils iront chez vous le plus longtemps possible. J'ai trop vu combien l'ignorance est terrible, pour ne pas vouloir qu'ils sachent lire, écrire et calculer; si j'avais eu plus d'instruction, au lieu d'être simple garde, je serais commandant et peut-être colonel, car le courage et le bon sens ne m'ont jamais manqué. Maintenant encore je suis embarrassé de bien écrire un simple procès-verbal, et voilà pourquoi je resterai simple garde-forestier toute ma vie, malgré mon expérience pour l'estimation des bois et ma connaissance des forêts... Quel malheur !... »

Le brave homme comprenait fort bien que ses deux garçons, avec quatre ou cinq autres, ne suffisaient pas pour me faire vivre six mois de l'année, et finit par me dire, en se promenant de long en large suivant son habitude, qu'à cinq quarts de lieue environ, au-dessous des Roches, en descendant vers la Sarre-Rouge, se trouvaient trois grosses fermes d'anabaptistes ; que ces gens avaient beaucoup d'enfants, auxquels le plus vieux d'entre eux, le grand-père, apprenait la Bible et les Évangiles, en les prêchant tous les dimanches ; qu'il avait vu cela plusieurs fois ; que ces anabaptistes avaient une grande estime pour le savoir, et que le vieux, qui s'appelait Jacob, se désolait souvent de ne pouvoir enseigner à ses enfants et petits-enfants le toisé, la rédaction des actes sous seing privé, la tenue des livres, le calcul et beaucoup d'autres choses dont il n'est pas dit un seul mot dans les livres saints, et qui sont pourtant très nécessaires à connaître pour bien conduire une ferme.

« Si vous voulez, me dit-il, j'irai le voir ou même nous

irons ensemble, et je suis sûr que cet homme de bon sens sera content de vous confier l'instruction de cette jeunesse, pour ce qui regarde les chiffres, l'écriture et l'arpentage. Ce sont des gens à leur aise et qui vous payeront bien. Qu'en pensez-vous ? »

J'étais très heureux de savoir cela, très désireux aussi d'en profiter, et tout de suite il fut convenu que nous irions voir les anabaptistes le lendemain jeudi, pour nous entendre avec eux.

Le lendemain donc de grand matin, le vieux garde et moi nous étions en route à travers les sapinières, pour descendre à la ferme du père Jacob. Tout le pays était couvert de vapeurs blanches, au milieu desquelles montaient en forme d'épis les cimes innombrables des sapins. On ne se voyait pas à quatre pas. Les chiens de Jérôme Hutin eux-mêmes suivaient derrière nous le sentier, à cause de la rosée qui remplissait les broussailles.

Quelques minutes avant cinq heures, lorsque le soleil sortit de cette mer et que toutes les feuilles, toutes les herbes se mirent à briller, je ne pus retenir un cri de joie. Nous avions fait halte une seconde. Le garde, en allumant sa pipe, riait tout bas, à la manière des vieux chasseurs, et disait :

« Voilà, monsieur Jean-Baptiste, une promenade que les jeunes gens devraient faire tous les jours dans la belle saison ; mais la paresse les retient au lit, ils se privent ainsi d'un grand plaisir. Regardez ce beau soleil, comme il écarte les brouillards ; on dirait qu'il nage de notre côté ; voyez comme il s'avance, comme il s'étend. Et là-bas, tout là-bas, du côté de la Sarre, ces grandes raies blanches, c'est la rosée qui tombe. Dans une demi-heure le soleil aura tout essuyé, la plaine sera propre comme une belle chambre où rien ne traîne ; on verra tout clairement, les villages, les bouquets d'arbres, les rivières, les routes, les sentiers, à quatre et cinq lieues... Ah ! oui, monsieur Jean-Baptiste, on a bien tort de se retourner dans les draps, au lieu de se secouer hardiment et de sortir. Si vous voulez, je viendrai vous éveiller les jeudis, nous irons à la pêche, à la pipée. »

J'acceptai de bon cœur, étant émerveillé de ce spectacle.

Alors nous reprîmes notre chemin, et bientôt après le chant du coq m'avertit que nous n'étions plus loin des trois fermes. Une éclaircie se faisait dans le feuillage, la lisière approchait, et tout à coup au milieu d'une large prairie en pente, dans le coude d'un ruisseau qui descendait en bondissant vers la Sarre, nous vîmes la plus grande des fermes, celle du père Jacob, avec son large hangar, où pendaient les bottes de paille entre les poutres; au-dessous, l'étable, les écuries; la grande porte de grange, à gauche, où se trouvait clouée une buse; puis le corps du logement, trois portes en bas, l'escalier et la porte, quatre fenêtres en haut; la fontaine et ses auges au milieu de la cour entourée d'un mur; les grands fumiers carrés, bien alignés; enfin une bonne vieille ferme d'anabaptistes, sans magnificences inutiles, mais où la simplicité, la propreté, le bon ordre, faisaient penser qu'on devait y bien vivre, et que les gens ne s'y trouvaient pas malheureux.

Comme nous sortions du bois, un grand chien de berger, à longs poils noirs, se mettait à pousser quelques aboiements, et tout aussitôt la porte du logement s'ouvrait, et le vieux Jacob lui-même, en chapeau de paille, casaque de drap gris et pantalon de même étoffe, sa large barbe blanche étalée sur la poitrine, sortait, nous regardant approcher.

Le garde ouvrit une porte en lattes et traversa la cour, levant sa casquette, pendant que le vieil anabaptiste lui criait bonjour d'un air de bonne humeur. Moi, j'étais sur les talons du père Jérôme, qui dit à ce vieillard de quatre-vingts ans :

« Je vous amène un homme que vous connaissez déjà, père Jacob; c'est le maître d'école des Roches. Je lui ai parlé de ce que vous m'avez dit autrefois : que vous ne

MOI, J'ÉTAIS SUR LES TALONS DU PÈRE JÉROME

seriez pas fâché de faire instruire vos petits-enfants dans l'arpentage et les autres calculs. »

Le vieux me regardait de ses yeux gris jusqu'au fond de l'âme, les lèvres fermées et ses vieilles joues plissées ; et puis il dit en ouvrant la porte :

« Entrez, messieurs, entrez ! C'est bien une chose qui m'intéresse... Je ne suis pas fâché de connaître ce jeune homme. »

Il ne promettait rien, ne répondait ni oui ni non ; c'était un homme prudent. Nous entrâmes donc, et je vis alors pour la première fois une grande salle de ferme anabaptiste, avec ses deux lignes de bancs, sa longue table bien récurée, ses rangées de pots sur des rayons près du poêle, pour faire cailler le lait, et sa vieille horloge dans un coin. Le chien était entré, le père Jacob lui rouvrit la porte et le fit sortir, pendant que nous prenions place. En ce moment, dehors, nous entendions s'ouvrir d'autres portes, celles des écuries ; les troupeaux s'échappaient dans la cour, sautant, galopant, courant à l'auge, et les cris des garçons pour conduire ce bétail retentissaient. Le grand-père, se penchant à l'une des fenêtres, appela une femme ; ensuite il vint s'asseoir en face de nous sur le banc et dit en souriant :

« Vous êtes partis de bon matin. Voici seulement que nos bêtes vont à la pâture. »

La femme était entrée, une petite mère toute ridée, en casaquin de laine, petite jupe et bonnet noir, la bouche plissée et les joues rouillées comme des feuilles de vigne sur la fin de l'automne.

« Tiens, Salomé, lui dit le vieillard, voici le maître d'école des Roches. Le père Jérôme nous l'amène, il parle de faire instruire les petits-enfants dans le calcul ; qu'est-ce que tu en penses ?

— Il faut envoyer chercher Christel et David, dit cette vieille grand'mère ; vous arrangerez tout ensemble. »

Et tout de suite étant sortie, elle envoya deux jeunes garçons chercher leurs oncles aux fermes voisines. Bientôt ceux-ci vinrent gravement, tous habillés de la même manière, l'air calme et la barbe pleine jusque derrière les oreilles. Le grand-père leur dit en deux mots qui j'étais et ce que je venais leur proposer, et sur la figure de ces braves gens je reconnus aussitôt qu'ils consentaient avec plaisir.

« Voyez-vous, me dit le grand-père Jacob en riant, mes deux aînés, partis depuis dix-huit ans pour l'Amérique, ne finissent pas d'écrire à leurs frères et à leurs beaux-frères d'envoyer les petits là-bas; que les terres de première qualité se vendent pour rien, qu'ils en ont des milliers d'arpents près de la rivière Wabach, dans l'État de l'Illinois : — des bois, des prairies et des champs, où le froment, l'herbe et les pommes de terre viennent en abondance; — mais que les bras leur manquent, et que nous ne pouvons rien faire de mieux que d'envoyer tous nos enfants les rejoindre. Seulement ils nous recommandent bien de leur donner de l'instruction, car en Amérique l'homme ne vaut que par ce qu'il sait. Nous ne demandons pas mieux, n'est-ce pas, Christel et David ?

— Oui, dirent les deux fils ; mais il faut s'entendre sur le prix. »

Alors le père Jérôme reprit la parole et se mit à discuter cet article, disant que je ne pourrais pas venir dîner et souper aux trois fermes à cause de la distance, et que par suite la nourriture restant à ma charge, devait m'être comptée outre le prix de l'école. Ces anabaptistes écoutaient et discutaient tout d'un air sérieux. Ils reconnaissaient les raisons justes, et secouaient la tête lentement lorsque le vieux garde en donnait de moins bonnes. Finalement nous tombâmes d'accord que je recevrais quarante sous par mois pour chaque élève qu'ils m'enverraient, et que je leur enseignerais non seulement l'arpentage et le calcul, mais encore la tenue des livres et le mesurage des bois. Le père Jacob avait fini par s'égayer en causant; il me posait sa vieille main ridée sur l'épaule et disait :

« Je vous connais depuis longtemps, monsieur Renaud ; j'ai entendu parler de vous par les gens des Roches ; vous êtes un bon maître d'école ! Celui de notre religion qui vient passer ici tous ses hivers, ne comprend rien au delà de ses quatre règles; vous êtes un autre homme ! »

A la fin, se levant et tirant le cruchon de kirsch de l'armoire, le vieil anabaptiste emplit les goblets ; et tout étant arrêté de la sorte, après avoir trinqué et s'être serré la main, le père Jérôme et moi nous repartîmes ensemble pour les Roches. En chemin, il fut entendu que tous les jours où je devrais dîner aux trois fermes, j'irais prendre mes repas chez le vieux garde, moyennant quinze sous par jour. De cette manière, je calculai qu'il me resterait encore du bénéfice, ayant neuf élèves à quarante sous. Je n'avais jamais été dans une position meilleure. Cette idée me réjouissait et m'attendrissait.

II

Dès le lendemain, les enfants des anabaptistes arrivèrent avec les provisions de la journée dans leurs petits sacs de toile; ils suivaient ma classe du matin au soir et puis dînaient tranquillement à la salle d'école. Ils faisaient ensuite un tour aux environs et rentraient à une heure pour la classe du soir. J'avais conservé douze autres élèves du hameau : les fils des notables et ceux du père Jérôme; en calculant tout, il devait me rester près de quinze francs à la fin de chaque mois, de quoi m'acheter des livres, remplacer mes vieux habits et envoyer quelques sous à mon père. Que me fallait-il de plus ? C'est le temps qui me revient toujours avec plaisir, le temps du travail, des promenades au bois, des longues causeries le soir avec le vieux garde et des beaux projets d'avenir. Mon Dieu, que cela passe vite!

Chaque matin, vers huit heures, mes élèves étant réunis, on déposait les sacs, on prenait la chaîne en fil de fer que m'avait faite le père Jérôme, les piquets et le triangle, et puis en route au grand soleil : on allait arpenter, mesurer le champ de Pierre, de Jacques ou de Christophe. Je vois encore au mois de juin cette longue côte raide couverte de seigle à perte de vue; plus bas dans la gorge, les faucheurs, les reins serrés dans leur ceinture de cuir, la pierre dans sa cuvette de bois au bas du dos, les bras de chemise retroussés, les larges chapeaux de paille tombant sur les épaules, et déjà tout baignés de sueur avant la grande chaleur du jour; et plus haut, dans les roches, les vieilles et quelques enfants avec leurs chèvres, qui grimpent jusque dans le ciel et se retournent en poussant des « hou!... hou!... » qui descendent d'échos en échos. Oui, c'était un bon et joyeux spectacle.

On nous appelait les « savants!... le cadastre!... » On nous tirait le chapeau de près, et l'on sifflait, on avait l'air de se moquer des savants de loin; mais ces choses nous étaient bien égales. Mes petits anabaptistes et mes autres élèves ne tournaient pas seulement la tête; ils allaient gravement, tirant la chaîne, enfonçant les piquets de proche en proche, et puis, à chaque angle, s'arrêtant pour écouter mes explications. Quand la figure d'un champ, d'un pré, d'un bouquet d'arbres, devenait trop compliquée, nous la décomposions aussitôt; le fils du grand Christel marquait sur son cahier toutes les mesures en bon ordre, chacune à part, pour ne pas faire de confusion. Quelquefois, sur les dix heures, à force d'avoir traîné la chaîne, la sueur nous coulait le long des joues. On s'arrêtait alors au revers d'un sentier, dans l'ombre touffue de quelque gros buisson, ayant bien soin de ne pas s'asseoir sur une fourmilière, et

ON NOUS APPELAIT LES « SAVANTS!.. »'LE CADASTRE!... »

là les calculs commençaient; chacun sur son cahier faisait ses multiplications, qu'on rapprochait pour en connaître la justesse. Aussitôt des faucheurs et des faneuses arrivaient se pencher derrière nous, ils écoutaient ce qui se disait, ouvrant de grands yeux, et finalement nous demandaient :

« Hé! monsieur Jean-Baptiste, est-ce que vous viendrez aussi bientôt mesurer notre champ? »

Ou bien :

« Combien est-ce que notre pré tient donc au juste ?
— Tant d'ares, tant de centiares.
— Ah !... Ça fait combien de jours.
— Tant.
— Vous en êtes bien sûr ?
— Mais oui, c'est tout à fait juste.
— Ah! bon, je suis content de le savoir. »

Quelquefois ces gens réclamaient, criant qu'on avait changé les bornes; et si par hasard le voisin se trouvait là, les disputes commençaient.

Ainsi je continuais l'application de ma méthode : la pratique, toujours la pratique! Il faut voir soi-même, observer son terrain, toucher, mesurer et puis calculer; alors seulement on peut dire : « Je sais mon affaire! » Tout ce qu'on a vu dans les livres passe vite; ce qu'on a fait soi-même par l'observation et le raisonnement ne s'oublie jamais.

Ces premières études nous prirent deux mois. Sur la fin de juillet, mes élèves, grâce aux explications du tableau que je leur donnais dans l'après-midi, connaissaient la manière exacte de mesurer et calculer toutes les surfaces planes; rien ne les embarrassait plus dans l'arpentage. Il s'agissait de passer au cubage des corps solides, et cela fut plus difficile; les figures du tableau ne suffisaient plus; les enfants ne se rendaient pas compte de toutes les formes que représentait un simple tracé. L'idée me vint de parler au vieux cuvelier Sylvestre, qui tout de suite comprit ce que je lui demandais ; il me fit des cubes, des prismes, des cônes en bois, capables de se monter et de se démonter comme on voulait : tout devint clair, sensible pour les élèves. Nous raisonnions des choses les pièces en mains, et nous faisions ensuite nos calculs.

Ce système de fabriquer des figures géométriques en bois s'est depuis répandu partout ; des centaines d'ouvriers de la Forêt Noire ne font plus que cela. Quelques-uns ont poussé la chose jusqu'à fabriquer des figures en cristal, afin d'en voir du premier coup d'œil les arêtes et les angles opposés ; ils sont devenus riches ; mais en ce temps personne n'y pensait. Ainsi marchent les choses en ce monde : les bonnes idées viennent aux uns, et l'argent entre dans la poche des autres.

Cela ne m'empêche pas de regarder ce temps comme le plus beau de mon existence. Sans parler de la confiance que mettait en moi le hameau des Roches, ni du bonheur d'être reçu chez le vieux garde Jérôme comme un enfant de la maison, de vivre en famille, aimé de tous, je dois te dire que le spectacle de la vie des champs me remplissait d'attendrissement. Sans doute ces grandes prairies au fond des vallées, où les faucheurs s'avançaient lentement, en balançant leurs faux luisantes en demi-cercle ; ces arbres innombrables de la côte, où les gens cueillaient leurs petites cerises noires pour faire du kirsch ; ces chariots couverts de gerbes, leurs petits bœufs roux devant, la tête dans les épaules, et des cinq, six travailleurs poussant aux roues en criant : « Courage... ça marche !... encore un coup d'épaule, et nous arriverons ! » Cette belle Sarre que je découvris avec ses longues flottes blanches et ses flotteurs devant, le grand croc à la main, hélant ceux de l'arrière au tournant des gorges ; sans doute tout cela n'était pas mon bien, mais j'avais pourtant du plaisir à le voir. Et puis j'avais mes jeudis pour aller courir au bois, et, mon Dieu, pourquoi ne pas te l'avouer ? pour aller pêcher à la ligne dans la

Sarre, à l'ombre des sapins, au milieu des troncs d'arbres et des carrés de planches entassées autour des vieilles scieries, ou dans les petits courants forestiers tout blancs d'écume. — Ah! voilà mes beaux moments!... Ces jours-là, de grand matin, — quand toute la forêt dort encore, en répandant mille odeurs de mûres, de myrtilles, de lierres, de mousses, de résines; quand l'eau bourdonne tout doucement au milieu du silence, et qu'on entend distinctement une brindille tomber d'un arbre, — entre deux et trois heures, tu m'aurais déjà vu en petite blouse et chapeau de paille, debout sur une roche au bord de la rivière, laissant flotter ma ligne dans les tourbillons de ces belles eaux claires, où tremblotait la lune comme au fond d'un miroir. Tu m'aurais vu là, plus attentif qu'un martin-pêcheur, et tu n'aurais jamais pensé que c'était M. Renaud, le maître d'école des Roches, bien content d'avoir retiré ses manchettes, mis de côté son canif et serré ses plumes dans le pupitre; tu aurais dit : « C'est un montagnard, un pêcheur de profession, » et tu n'aurais pas eu tout à fait tort, car je m'y connaissais, le père Jérôme m'avait montré les bons endroits et j'avais de la patience.

Ah! quel bonheur, quand au bout de quinze à vingt minutes, en allongeant et retirant lentement l'amorce sur l'eau bouillonnante, tout à coup une secousse m'avertissait que le poisson avait mordu, et qu'ensuite le bouchon descendait comme une flèche!... C'était un gros! Je le laissais bien filer, et puis, relevant la gaule à la force du poignet, une truite filait dans les airs et se mettait à sauter au milieu des ronces et des herbes pleines de rosée. Oui, ces choses, il faut les compter aussi dans sa vie; on n'a pas toujours été paisible et les lunettes sur le nez; on a senti son cœur sauter de joie; on a couru comme un fou décrocher le poisson, les mains tremblantes d'enthousiasme. Pour la pêche, la véritable pêche, il n'y a que la montagne; c'est là qu'on est tranquille et vraiment heureux, au milieu de la fraîcheur et du silence des bois ; c'est là que personne ne vient vous déranger ! Et quand on change de place, quand on remonte plus haut, son petit panier déjà garni, pensant que la journée sera bonne ; en marchant dans ces grandes ombres et regardant les arbres innombrables échelonnés sur les pentes raides jusqu'à la cime des airs, les petits sentiers remplis de grosses racines ; en écoutant le merle noir et la grive qui s'éveillent, et quelques instants après tous les oiseaux des bois qui chantent ensemble comme dans une immense volière, il faut reconnaître, pour être juste, qu'après le travail de la semaine, on ne trouve nulle part au monde un repos plus agréable et dont on se souvienne plus longtemps.

XV

LA MORT DU PETIT DAVID.

I

Le 6 mars 1814, à Phalsbourg, nous venions de souper comme à l'ordinaire, et le sergent Trubert, qui logeait chez nous depuis le commencement du blocus, assis près de la fenêtre, les jambes croisées, nous avait regardés sans rien dire, en fumant sa pipe.

C'était l'heure où le bombardement commençait, on entendait les premiers coups de canon, derrière le fond de Fiquet; un coup de canon, à l'avancée, venait de leur répondre; cela nous avait en quelque sorte réveillés, car nous étions tout pensifs.

« Père Moïse, me dit le sergent, les enfants sont pâles !

— Je le sais bien, sergent, » lui dis-je avec une grande tristesse.

Il ne dit plus rien; et comme ma fille Zeffen, la mère des deux petits, venait de sortir pour pleurer, il prit David sur ses genoux et le regarda longtemps. Sorlé, ma femme, tenait Esdras endormi dans ses bras; Sâfel, le dernier de mes fils, levait la nappe, et roulait les serviettes pour les mettre dans l'armoire.

« Oui, dit le sergent, il faut y prendre garde, père Moïse ; nous causerons de ça plus tard... »

Je le regardai tout surpris ; il vida sa pipe au bord du poêle, et sortit en me faisant signe de le suivre. Zeffen rentrait, je lui pris la chandelle dans la main. Le sergent me conduisit dans sa pet'te chambre au fond de l'allée, il ferma la porte et s'assit au pied de son lit, en me disant :

« Père Moïse, ne vous effrayez pas... mais le typhus vient d'éclater en ville, cinq soldats sont entrés ce matin à l'hôpital, le commandant de place Moulin est pris... On parle aussi d'une femme et de trois enfants... »

Il me regardait ; je me sentais tout froid !

« Oui, fit-il, cette maladie-là, je la connais depuis longtemps ; nous l'avons eue en Pologne, en Russie, après la retraite, en Allemagne. Elle vient surtout de la mauvaise nourriture. »

Alors je ne pus m'empêcher de crier en sanglotant :

« Hé ! mon Dieu ! que voulez-vous que j'y fasse ?... Si je pouvais donner ma vie pour mes petits-enfants, tout serait bien. Mais que voulez-vous que j'y fasse ?

— Demain, père Moïse, je vous apporterai mon bon de viande, dit le sergent, et vous ferez du bouillon pour les enfants. Madame Sorlé pourra toucher le bon à la Halle, ou, si vous aimez mieux, j'irai moi-même. Vous aurez tous mes bons de viande fraîche jusqu'à la fin du blocus, père Moïse. »

En entendant cela, je fus tellement touché, que j'allai lui prendre la main, en criant :

« Sergent, vous êtes un brave homme. Mais vous, qu'est-ce que vous mangerez ?

— Ne vous inquiétez pas de moi, le sergent Trubert n'a jamais manqué de rien ! »

Et comme je voulais le remercier :

« Allons, bonne nuit ! fit-il en me reconduisant à la

porte, tout ira bien. Dites à madame Sorlé que tout ira bien. »

Je sortis en bénissant cet homme, et je racontai tout à Sorlé, qui fut encore plus attendrie que moi. Nous ne pouvions pas refuser : c'était pour les enfants! et depuis huit jours on ne trouvait plus que de la viande de cheval chez les bouchers.

Le lendemain donc nous eûmes de la viande fraîche, pour faire du bouillon à ces pauvres petits. Mais il était déjà trop tard : — l'ange de la mort avait déjà marqué notre David!

II

Ce qui me fait encore le plus de peine aujourd'hui, Fritz, c'est la manière dont la terrible maladie entra chez nous.

Le 12 mars, les gens parlaient d'une quantité d'hommes, de femmes, d'enfants, en train de mourir. On n'osait pas écouter, on se disait :

« Personne n'est malade dans notre maison, l'Éternel veille sur nous! »

David, après souper, était venu s'arrondir dans mes bras, sa petite main sur mon épaule. Je le regardais; il semblait bien assoupi, mais les enfants ont toujours sommeil à la nuit. Esdras dormait déjà, Sâfel venait de nous souhaiter le bonsoir.

Enfin, Zeffen prit l'enfant, et nous allâmes tous nous coucher.

Cette nuit-là, les Russes ne tiraient pas; le typhus était peut-être aussi chez eux, je n'en sais rien.

Vers minuit, nous dormions donc à la grâce de Dieu, quand j'entends un cri terrible.

J'écoute... et Sorlé me dit :

« C'est Zeffen! »

Aussitôt je me lève, je veux allumer la lampe; j'étais dans le trouble, je ne trouvais plus rien.

Sorlé fit de la lumière, je tirai mon pantalon, et je courus à la porte. Mais, à peine dans l'allée, Zeffen sort de la chambre comme une folle, ses grands cheveux noirs défaits. Elle me crie :

« L'enfant!... »

Sorlé me suivait. Nous entrons, nous nous penchons sur le berceau. Les deux enfants semblaient dormir : Esdras tout rose, David blanc comme la neige.

D'abord je ne voyais rien, à cause de l'épouvante, mais ensuite je pris David pour l'éveiller; je le secouai, criant :

« David!... »

Et seulement alors nous vîmes qu'il avait les yeux ouverts et retournés. — Zeffen criait :

« Éveillez-le!... éveillez-le!... »

Sorlé, me le prenant des mains, dit :

« Donne!... fais du feu... chauffe de l'eau. »

Et nous le posâmes sur le lit, en travers, en le secouant et en l'appelant. Le petit Esdras pleurait.

« Allume du feu, me répéta Sorlé, et toi, Zeffen, sois plus calme; ces cris ne servent à rien. Vite... vite... du feu! »

Mais Zeffen ne cessait de crier :

« Mon pauvre enfant! »

— Il va se réchauffer, dit Sorlé. Seulement, Moïse, dépêche-toi de t'habiller, cours chez le docteur Steinbrenner. »

Elle était plus pâle, plus effrayée que nous, mais l'esprit n'a jamais abandonné cette brave femme, ni le courage. Elle avait fait du feu, le fagot pétillait dans la cheminée.

Alors je courus mettre ma capote, et je descendis en pensant :

« Que le Seigneur ait pitié de nous!... Si l'enfant meurt, je ne lui survivrai pas... Non!... c'est lui que j'aime le plus... je ne pourrai pas lui survivre. »

Car tu sauras, Fritz, que le plus malheureux, le plus en

danger de nos enfants, est toujours celui qu'on aime le plus; il en a le plus besoin : nous oublions les autres! L'Éternel a voulu cela sans doute pour le plus grand bien.

Je courais déjà dans la rue.

On n'a jamais vu de nuit plus sombre : le vent du Rhin soufflait, la neige en poussière volait; quelques fenêtres, éclairées de loin en loin, montraient les maisons où l'on veillait des malades.

J'avais la tête nue, et je ne sentais pas le froid. Je criais en moi-même :

« Voici le dernier jour!... ce jour dont l'Éternel a dit : « Avant la moisson, quand le bouton sera dans sa fleur, et « que la fleur se changera en grappe près de mûrir, je le « retrancherai; je couperai ses branches avec ma serpe, « elles seront foulées aux pieds. »

Dans ces pensées effrayantes, je traversais la grande place, où le vent secouait les vieux ormes pleins de givre.

Sur le coup d'une heure, je poussais la porte du docteur Steinbrenner; sa grosse poulie grelottait dans le vestibule. Comme j'allais à tâtons, cherchant la rampe, la servante parut avec une lumière au haut de l'escalier.

« Qui est là? fit-elle en avançant sa lanterne.

— Ah! lui répondis-je, que M. le docteur arrive bien vite, nous avons un enfant malade, bien malade. »

Et je ne pus retenir mes sanglots.

« Montez, monsieur Moïse, me dit cette fille; monsieur vient de rentrer, il n'est pas encore couché. Montez un instant, réchauffez-vous. »

Mais le père Steinbrenner avait tout entendu.

« C'est bien, Thérèse, dit-il en sortant de sa chambre; entretenez le feu, dans une heure au plus, je serai de retour. »

Il avait déjà remis son grand tricorne, et sa houppelande en poil de chèvre.

Nous traversâmes la place sans rien nous dire. Je marchais devant; quelques minutes après nous montions notre escalier.

Sorlé avait placé une chandelle au haut des marches, je la pris et je conduisis M. Steinbrenner à la chambre de l'enfant.

En entrant, tout paraissait plus calme. Zeffen, assise dans le fauteuil derrière la porte, la tête sur ses genoux et les épaules nues, ne criait plus : elle pleurait. L'enfant était dans le lit; Sorlé, debout à côté, nous regardait.

Le docteur posa son chapeau sur la commode.

« Il fait trop chaud ici, dit-il, donnez un peu d'air. »

Ensuite il s'approcha du lit. Zeffen s'était levée, pâle comme une morte. Le médecin, ayant pris la lampe, regarda notre pauvre David; il leva la couverture, et sortit ses petites jambes encore toutes rondes, il écouta la respiration. Esdras s'était remis à pleurer, il se retourna et dit :

« Sortez l'autre enfant de cette chambre... j'ai besoin de calme... et puis l'air des malades n'est pas bon pour de si petits enfants... »

Il me regardait de côté. Je compris ce qu'il voulait dire : — C'était le typhus ! — Je regardai ma femme... elle comprenait aussi.

En ce moment, je crus qu'on m'arrachait le cœur; j'aurais voulu gémir, mais Zeffen était là, derrière nous, qui se penchait, et je ne dis rien, ni Sorlé non plus.

Le docteur ayant demandé du papier pour écrire sa prescription, nous sortîmes ensemble. Je le conduisis dans notre chambre, et la porte étant refermée, je me mis à sangloter.

Il me dit :

« Moïse, vous êtes un homme, ne pleurez pas. Songez que vous devez l'exemple du courage à deux pauvres femmes. »

Je lui demandai tout bas, dans la crainte d'être entendu :

« Il n'y a donc plus d'espoir ? »

— C'est le typhus! dit-il. Nous ferons ce que nous pourrons. Tenez, voici la prescription ; allez chez Tribolin, son garçon veille toutes les nuits maintenant, il vous donnera cela. Dépêchez-vous ! Et puis, au nom du ciel, faites sortir l'autre enfant de cette chambre, et votre fille, si c'est possible. Tâchez d'avoir des personnes étrangères, des gens habitués aux malades : le typhus se gagne. »

Je ne répondis rien.

Il reprit son chapeau et s'en alla.

Maintenant, que puis-je te dire encore ? Le typhus est une maladie engendrée par la mort elle-même ; c'est en parlant d'elle que le prophète s'est écrié :

« Le sépulcre s'est ému à cause de toi, pour aller à ta rencontre ! »

Combien j'en avais vu mourir du typhus dans nos hôpitaux, sur la cote de Saverne et ailleurs !

Quand les hommes se déchirent sans pitié, pourquoi la mort ne viendrait-elle pas à leur aide? Mais, ce pauvre enfant, qu'avait-il fait pour mourir sitôt ? Voilà, Fritz, ce qu'il y a de plus épouvantable : il faut que tous expient le crime de quelques-uns !—Oui, quand je pense que mon enfant est mort de cette peste, amenée par la guerre du fond de la Russie jusque chez nous, et dont toute l'Alsace et la Lorraine ont été ravagées six mois, au lieu d'accuser l'Éternel, comme font les impies, j'en accuse les hommes. Dieu ne leur a-t-il pas donné la raison? Et quand ils ne s'en servent pas, quand ils se laissent exciter bêtement les uns contre les autres par quelques mauvais sujets, en est-il cause?

Mais à quoi servent les idées justes, quand on souffre?

Je me souviens que la maladie dura six jours, et ces jours-là sont les plus cruels de ma vie. J'avais peur pour ma femme, pour ma fille, pour Sâfel, pour Esdras. J'étais assis dans un coin, j'écoutais l'enfant respirer. Quelquefois il avait l'air de ne plus respirer du tout. Alors un froid me passait sur le corps ; je m'approchais, je prêtais l'oreille.

Et quand par hasard Zeffen arrivait malgré la défense du médecin, j'entrais dans une sorte de fureur; je la poussais dehors par les épaules, en frémissant.

Elle me disait :

« Mais c'est mon enfant... c'est mon enfant ! »

Et je lui répondais :

« Et toi, n'es-tu pas aussi mon enfant ?... Je ne veux pas que vous mouriez tous ! »

Après cela, je fondais en larmes, je tombais assis, regardant devant moi, sans force; j'étais épuisé de douleur.

Sorlé allait, venait dans la chambre, les lèvres serrées; elle préparait tout, elle veillait à tout.

Dans ce temps, le musc était le remède du typhus; la maison était pleine de musc. Souvent l'idée me prenait qu'Esdras allait être aussi malade... Ah! si le plus grand bonheur en ce monde est d'avoir des enfants, quelle douleur de les voir souffrir!... Quelle épouvante de penser à leur perte!... d'être là, d'entendre leur respiration pressée, leur délire, de reconnaître leur dépérissement d'heure en heure, de minute en minute, et de s'écrier au fond de son âme :

« La mort approche!... il n'y a plus rien... rien pour te sauver, mon enfant! Je ne puis te donner ma vie... la mort n'en veut pas! »

Quel déchirement et quelles angoisses, jusqu'à la dernière seconde, où tout se tait!

Alors, Fritz, l'argent, le blocus, la famine, la désolation générale, tout était oublié. C'est à peine si je voyais le sergent entr'ouvrir chaque matin notre porte, et se pencher en demandant :

« Eh bien, père Moïse? eh bien? »

Je ne sais ce qu'il nous disait, je n'y faisais pas attention.

Mais ce qui me revient pourtant avec satisfaction, ce qui fait toujours mon orgueil, c'est qu'au milieu de cette désolation, où Sorlé, Zeffen et moi, tout le monde, nous perdions la tête, où nous oubliions les affaires, où nous laissions tout aller à l'abandon, le petit Sâfel prit tout de suite la direction du commerce. Chaque matin nous l'entendions se lever à six heures, descendre, ouvrir le magasin, monter une ou deux cruches d'eau-de-vie, et servir les pratiques.

Personne ne lui avait dit un mot de cela, mais Sâfel avait l'âme du commerce. Et si quelque chose était capable de consoler un père dans de pareils malheurs, ce serait de se voir revivre en quelque sorte dans un enfant si jeune, de se reconnaître et de penser : « Au moins la bonne race n'est pas perdue ; il en reste toujours pour conserver le bon sens dans ce monde ! » Oui, c'est la seule consolation qu'un homme puisse avoir.

Notre *schabes goïé*[1] faisait la cuisine, et la vieille Lanche nous aidait à veiller, mais le commerce reposait en Sâfel seul ; sa mère et moi, nous ne songions qu'à notre petit David.

Il mourut dans la nuit du 18 mars, le jour où l'incendie éclata dans la maison du capitaine Cabanier.

Cette même nuit, deux obus tombèrent sur notre maison ; le blindage les fit rouler dans la cour, et tous deux éclatèrent en brisant les fenêtres de la buanderie, et démolissant la porte du bûcher, qui s'écroula d'un coup, avec un fracas horrible.

C'est le plus grand bombardement que la ville ait eu à supporter pendant ce blocus ; car aussitôt que les ennemis virent monter le feu, ils tirèrent dessus de Mittelbronn, des Baraques d'en haut et du fond de Fiquet, pour empêcher les gens de l'éteindre.

Moi, je restai tout le temps avec Sorlé, près du lit de l'enfant, et le bruit des obus en éclatant ne nous fit rien.

Les malheureux ne tiennent plus à la vie... Et puis l'enfant était si mal !... il avait des plaques bleues sur tout le corps.

1. Servante.

La fin approchait.

Je me promenais dans la chambre. Dehors, on criait :

« Au feu !... au feu !... »

Les gens passaient comme un torrent dans la rue. Nous entendions ceux qui revenaient de l'incendie donner des nouvelles, et les pompes accourir, les soldats ranger la foule à la chaîne, les obus éclater à droite et à gauche.

Devant nos fenêtres, de longues traînées de flamme rouge descendaient par-dessus les toits du quartier en face, et battaient les vitres. Nos canons répondaient à l'ennemi tout autour de la ville. De temps en temps, on entendait crier :

« Place !... place !... »

C'étaient les blessés qu'on emportait.

Deux fois des piquets montèrent jusque dans notre chambre, pour me mettre dans la chaîne; mais, en me voyant assis près de l'enfant avec Sorlé, ils redescendirent.

Le premier obus éclata chez nous vers onze heures, le second à quatre heures du matin; tout grelottait des greniers à la cave : le plancher, le lit, les meubles étaient comme soulevés; mais, dans notre épuisement et notre désespoir, nous ne dîmes seulement pas un mot.

Zeffen accourut avec Esdras et le petit Sâfel au premier obus. On voyait que David allait mourir. La vieille Lanche et Sorlé, assises, sanglotaient. Zeffen se mit à crier.

J'ouvris la fenêtre tout au large, pour donner de l'air, et la fumée de poudre dont la ville était couverte entra dans la chambre.

Sâfel vit tout de suite que l'heure approchait; je n'eus besoin que de le regarder, il sortit et revint bientôt, malgré la foule, par une rue détournée, avec le chantre Kalmès, qui se mit à réciter la prière des agonisants :

« L'Éternel règne... L'Éternel a régné... a régné... L'Éter-
« nel régnera partout et à jamais!

ELLE SE MIT A COURIR VERS LA PORTE, EN APPELANT SON MARI.

« Loué soit partout et à jamais le nom de son règne glo-
« rieux!

« C'est l'Éternel qui est Dieu! C'est l'Éternel qui est Dieu!
« C'est l'Éternel qui est Dieu!

« Écoute, Israël, notre Dieu l'Éternel est un.

« Va donc où le Seigneur t'appelle... va, et que sa misé-
« corde t'assiste.

« Que l'Éternel, notre Dieu, soit avec toi; que ses anges
« immortels te conduisent jusqu'au ciel, et que les justes se
« réjouissent quand le Seigneur t'accueillera dans son sein!

« Dieu de miséricorde, reçois cette âme au milieu des
« joies éternelles! »

Moi et Sorlé nous répétions ces paroles saintes. Zeffen, comme morte, était couchée, les bras étendus en travers du lit, sur les pieds de son enfant. Son frère Sâfel, derrière, pleurait à chaudes larmes, en l'appelant tout bas :

« Zeffen!... Zeffen!... »

Mais elle ne l'entendait pas; son âme était perdue dans les douleurs infinies.

Dehors, les cris : « Au feu! » les commandements des pompes, le tumulte de la foule, le roulement de la canonnade continuaient; les éclairs coup sur coup remplissaient les ténèbres.

Quelle nuit, Fritz, quelle nuit!

Tout à coup Sâfel, s'étant penché sous le rideau, se retourna tout épouvanté. Ma femme et moi, nous courûmes, et nous vîmes la mort de l'enfant; nous levâmes les mains en éclatant en sanglots. Le chantre cessa de psalmodier. Notre David était mort!

Le plus terrible, c'est le cri de la mère! Elle était étendue, comme évanouie; mais quand le chantre, se penchant, referma la lèvre et dit : *Amen!* elle se releva, prit le petit, regarda; et puis, le levant au-dessus de sa tête, elle se mit à courir vers la porte, en appelant son mari et criant d'une voix déchirante :

« Baruch... Baruch... sauve notre enfant! »

Elle était folle, Fritz! Et moi, dans cette dernière épouvante, je l'arrêtai; je lui repris par force le petit corps, qu'elle voulait emporter. Et Sorlé, l'entourant de ses bras, avec des gémissements sans fin, la mère Lanche, le chantre, Sâfel, tous l'entraînèrent dehors.

Je restai seul, et j'entendis les gens descendre, en entraînant ma fille.

Comment un homme peut-il supporter de si grandes douleurs?

Je remis David dans le lit, et je le couvris, à cause des fenêtres ouvertes. Je savais bien qu'il était mort, mais il me semblait qu'il aurait froid. Je le regardai longtemps sans pleurer, pour garder dans mon cœur cette jolie figure.

Tout se déchirait là!... tout!... Je sentais comme une main m'arracher les entrailles, et dans ma folie, j'accusais l'Éternel; je lui disais :

« Je suis l'homme qui a vu l'affliction par la verge de ta fureur! Certainement, tu t'es tourné contre moi. Tu as fait vieillir ma chair, et tu as brisé mes os. Tu m'as plongé dans les ténèbres. Même quand je crie et que je frémis, tu rejettes ma prière. Tu es pour moi comme un lion qui se tient dans ses cavernes! »

Ainsi je me promenais en gémissant et même en blasphémant. Mais le Dieu de miséricorde m'a pardonné; il savait bien que ce n'était pas moi qui parlais, mais mon désespoir.

Je m'assis à la fin. Les autres revenaient!... Sorlé s'assit près de moi en silence, Sâfel me dit :

« Zeffen est chez le *rebbe*, avec Esdras. »

Je ne lui répondis pas, et me couvris la tête.

Ensuite quelques femmes, avec la vieille Lanche, étant arrivées, je pris Sorlé par la main, et nous entrâmes dans la grande chambre, sans prononcer une parole.

La vue seule de cette chambre, où les deux petits frères

avaient joué si longtemps, me fît encore répandre des larmes; et Sorlé, Sâfel et moi, nous pleurâmes ensemble.

La maison se remplissait de monde; il pouvait être huit heures, et l'on savait déjà que nous avions un enfant mort.

III

Alors, Fritz, commencèrent les funérailles.

Tous ceux qui mouraient du typhus devaient être enterrés le jour même : les chrétiens derrière l'église, et les juifs dans les fossés de la place, à l'endroit où se trouve aujourd'hui le manège.

Les vieilles étaient déjà là, pour laver le pauvre petit être, pour le peigner et lui couper les ongles, selon la loi du Seigneur. Quelques-unes cousaient le linceul.

Les fenêtres ouvertes laissaient passer le vent, les volets battaient les murs. Le *schamess*[1] se promenait dans les rues, frappant les portes de son marteau pour réunir nos frères.

Sorlé s'assit à terre, la tête voilée. Et moi, entendant Desmarets monter, j'eus encore le courage d'aller à sa rencontre, et de lui montrer la chambre. Le pauvre ange était dans sa petite chemise, sur le plancher, la tête relevée par un peu de paille, et le petit *thaleth* dans ses doigts. Il était redevenu si beau avec ses cheveux bruns et ses lèvres entr'ouvertes, qu'en le voyant je pensai :

« L'Éternel a voulu t'avoir près de son trône! »

Et mes larmes coulaient sans bruit; ma barbe en était pleine.

Desmarets prit donc la mesure et s'en alla. Une demi-heure après il revenait, le petit cercueil de sapin sous le bras, et la maison fut de nouveau remplie de gémissements.

Je ne pus voir clouer l'enfant! J'allai m'asseoir sur le

---

1. Bedeau.

sac de cendres, couvrant ma figure des deux mains, et criant en moi-même, comme Jacob :

« Certainement, je descendrai avec cet enfant au sépulcre... Je ne lui survivrai pas ! »

Bien peu de nos frères arrivèrent, car l'épouvante était en ville : on savait que l'ange de la mort passait, et que les gouttes de sang pleuvaient de son épée dans les maisons ; chacun vidait l'eau de sa cruche sur le seuil et rentrait vite. Mais les meilleurs arrivèrent pourtant en silence, et, vers le soir, il fallut partir et descendre par la poterne.

J'étais seul de la famille, — Sorlé n'avait pu me suivre ni Zeffen, — j'étais seul pour jeter la pelletée de terre ! Et les forces m'abandonnèrent, il fallut me ramener jusqu'à notre porte. Le sergent me soutenait par le bras ; il me parlait et je ne l'entendais pas : j'étais comme mort.

Tout ce qui me revient encore de ce jour épouvantable, c'est le moment où, rentré chez nous. — assis sur le sac, devant notre âtre froid, les pieds nus, la tête penchée et l'âme dans les abîmes, — le *schamess* s'avança près de moi, me toucha l'épaule et me fit lever ; et que, sortant son couteau de sa poche, il me fendit l'habit, en le déchirant jusqu'à la hanche. Ce coup fut le dernier et le plus terrible ; je retombai, murmurant avec Job :

« Que le jour où je naquis périsse ! et la nuit en laquelle il fut dit : Un homme est né ! Que les nuées obscures demeurent sur lui, qu'on l'ait en horreur, comme un jour d'amertume ! car le deuil, le grand deuil, n'est pas celui qui descend du père à l'enfant, mais celui qui remonte de l'enfant au père. Pourquoi m'a-t-on reçu sur les genoux et pourquoi m'a-t-on présenté des mamelles ? Maintenant je serais couché dans la tombe et je reposerais ! »

Et ma douleur, Fritz, n'eut point de fin ; je m'écriais :

« Que dira Baruch, et que lui répondrai-je lorsqu'il me redemandera son enfant ? »

« L'ÉTERNEL VEUT T'AVOIR PRÈS DE SON TRONE! »

Le commerce ne me touchait plus. Zeffen vivait chez le vieux *rebbe ;* sa mère passait les jours avec elle, pour soigner Esdras et la consoler.

Tout était ouvert dans la maison; la *schabes golé* brûlait du sucre et des piments, et le vent du ciel, entrant partout, purifiait l'air. — Sâfel vendait.

Moi, le matin, devant l'âtre, je faisais cuire quelques pommes de terre, j'en mangeais avec un peu de sel, et puis je m'en allais, oubliant tout comme un malheureux. J'errais tantôt à droite, tantôt à gauche, du côté de l'ancienne Gendarmerie, autour des remparts, aux endroits détournés.

La vue des gens me faisait mal, surtout de ceux qui avaient connu l'enfant.

XVI

REICHSHOFFEN

Tout à coup le bruit courut, me dit le brigadier Frédéric, qu'on s'était battu du côté de Wissembourg, et le soir du même jour, des habitants de Neuwiller, se sauvant avec leurs meubles sur des voitures à Lutzelstein, racontèrent à la porte de la maison forestière, sans vouloir entrer, que plusieurs de nos bataillons avaient été massacrés, que le général d'avant-garde était resté sur le terrain, que Wissembourg brûlait et que nos troupes se retiraient du côté de Bitche.

Ces bourgeois étaient comme effarés; au lieu de continuer leur chemin vers la Petite-Pierre, l'idée leur vint tout à coup que cette place n'était pas assez forte, et, malgré le détour de trois lieues qu'ils avaient fait, toute la bande, hommes et femmes, se mit à grimper la côte du Fâlberg, pour se sauver à Strasbourg.

Alors la désolation fut chez nous. La grand'mère gémissait; Marie-Rose allait et venait, toute pâle. Moi, je disais qu'il ne fallait pas se désoler; que jamais les Allemands n'oseraient se hasarder dans nos bois; qu'ils ne connaissaient pas les chemins, et d'autres raisons pareilles, qui ne m'empêchaient pas d'être très inquiet, car d'apprendre que des Badois et des Bavarois avaient battu des Français, cela bouleversait toutes mes idées. Je pensais qu'ils s'étaient réunis dix contre un, mais le chagrin n'en était pas moins grand.

Ce fut notre première mauvaise nuit; je ne pouvais pas dormir, et j'entendais aussi Marie-Rose, dans sa petite chambre à côté, se lever, ouvrir la fenêtre et regarder.

Tout dehors se taisait, comme si rien n'était arrivé; pas une brindille ne remuait, tant l'air était calme; quelques cigales nasillaient même sur la terre encore chaude six heures après le coucher du soleil, et, le long de la rivière, des grenouilles faisaient entendre leur chant traînard.

L'agitation intérieure m'empêchait de dormir. Sur les quatre heures, Ragot se mit à japper en bas dans l'allée; quelqu'un toquait contre la porte. Je m'habillai, et deux minutes après je descendais ouvrir.

Un homme, le fils Klein-Nickel, de la Petite-Pierre, m'apportait un ordre de M. l'inspecteur Laroche de venir sans retard.

Marie-Rose était descendue. Je ne pris que le temps de casser une croûte, et puis je partis, mon fusil en bandoulière. A sept heures, j'étais à la porte de M. Laroche, et j'entrais. Monsieur l'inspecteur, assis à son bureau, écrivait.

« Ah! c'est vous, Frédéric, fit-il en déposant sa plume, asseyez-vous. Nous avons d'assez mauvaises nouvelles; vous savez que notre petit corps détaché en observation près de Wissembourg a subi un échec?

— Oui, monsieur l'inspecteur.

— On s'est laissé surprendre, dit-il; mais ce n'est rien, ça n'arrivera plus. »

Il paraissait tranquille comme à l'ordinaire, et dit que dans toutes les guerres il y avait des hauts et des bas; qu'un premier engagement malheureux ne signifiait pas grand'chose, mais qu'il était toujours bon de prendre ses précautions en cas d'événements plus graves, impossibles à prévoir; qu'il s'agissait donc de prévenir tous les hommes de ma brigade et ceux que nous employions aux travaux des chemins forestiers, d'être prêts à marcher avec leurs pioches, leurs pelles et leurs haches, au premier commandement, parce qu'il serait peut-être nécessaire de faire sauter des roches et de couper les chemins, au moyen de tranchées et d'abatis.

« Vous comprenez, dit-il en me voyant un peu troublé, vous comprenez, père Frédéric, que ce sont de simples mesures de prévoyance, rien n'est menaçant ; le maréchal de Mac-Mahon se concentre près de Haguenau, tout est en mouvement, nous n'avons rien à craindre d'immédiat ; mais le principal c'est d'être prêt en cas de besoin ; quand tout est prêt, on agit rapidement et sûrement. Je puis recevoir un ordre du général de Failly de couper les routes, et, dans un cas pareil, il faut que l'ordre s'exécute en quelques heures.

— Ce ne sera pas long, monsieur l'inspecteur, lui répondis-je, partout des rochers se penchent sur nos chemins ; en tombant, ils entraîneront tout au fond des vallées.

— Justement, dit-il. Mais d'abord il faut que notre monde soit prévenu. La poudre de mine ne nous manque pas : si l'ordre arrive, tous mes collègues ayant pris les mêmes mesures, ce sera l'affaire d'une journée de Bitche à Dabo ; pas un canon, pas un caisson ne passera d'Alsace en Lorraine. »

Voilà ce qu'il me dit, en me reconduisant jusqu'à la porte, et en me donnant une bonne poignée de main.

Comme je m'en allais tout pensif, j'aperçus sur les hauteurs de l'Altenberg quelques soldats en train de planter une ligne de palissades le long de la côte. Le plus grand trouble régnait au faubourg, les gens couraient d'une maison à l'autre chercher des nouvelles ; deux ou trois compagnies d'infanterie campaient dans un champ de pommes de terre.

Tout ce jour et le lendemain je ne fis que porter les ordres de M. l'inspecteur, de la Frohmühle à Echbourg, d'Echbourg à Hangeviller, au Grauftgàl, à Metting, etc., prévenant chacun de ce qu'il aurait à faire, des endroits où l'on se réunirait, des rochers qu'il faudrait attaquer.

Enfin, le second jour je rentrai tellement las à la nuit, qu'il me fut impossible de manger, ni même de m'endormir pendant quelques heures. Pourtant, vers le matin, j'avais fini par tomber dans un profond sommeil, quand Marie-Rose, entrant dans ma chambre, m'éveilla en ouvrant la fenêtre du côté de Dôsenheim.

« Écoute, mon père, dit-elle d'une voix tremblante, écoute ce bruit... Qu'est-ce que c'est? On n'entend plus que cela dans la vallée!... »

J'écoutai; c'était un bourdonnement sans fin, qui remplissait la montagne et couvrait de temps en temps le murmure des bois.

Il ne me fallut pas longtemps pour comprendre ce que cela signifiait, et je répondis:

« C'est le bruit du canon!... On se bat du côté de Wœrth; c'est une grande bataille! »

Aussitôt Marie-Rose descendit, et, m'étant habillé, je la suivis dans la salle en bas, où se trouvait aussi la grand'-mère, dont le menton tremblait, et qui me regardait avec des yeux tout ronds.

« Ce n'est rien, leur dis-je, n'ayez pas de crainte; quoi qu'il arrive, jamais les Allemands ne viendront jusqu'ici. Nous avons de trop bons endroits pour défendre nos défilés. »

Mais j'étais bien loin d'avoir confiance moi-même.

Les coups de canon redoublaient quelquefois comme le roulement lointain d'un orage; puis ils s'affaiblissaient, et l'on entendait plus que le bruissement des feuilles, les jappements de Ragot devant la porte, le cri d'un canard dans les saules de la rivière. Ces voix de la solitude,

« C'EST LE BRUIT DU CANON !... »

lorsqu'on songeait à ce qui se passait derrière le rideau des forêts, avaient quelque chose d'extraordinaire.

J'aurais voulu courir sur les rochers, voir au moins ce qui se passait de l'autre côté, dans la plaine, mais l'ordre de commencer les abatis pouvait arriver d'une minute à l'autre, j'étais forcé de rester.

Cela dura jusqu'à trois heures de l'après-midi.

Je me promenais, tâchant de faire bonne mine, pour ne pas effrayer les femmes.

Cette journée du 6 août 1870 fut bien longue ; même aujourd'hui, que tant d'autres chagrins nous ont accablés, je n'y pense qu'avec un serrement de cœur.

Le plus terrible moment fut encore quand tout à coup ce bruit sourd, que nous entendions depuis le matin, cessa. Nous écoutions à la fenêtre du jardin. Mais plus un souffle, plus un soupir, autres que ceux de la vallée, n'arrivaient jusqu'à nous.

Au bout de quelques minutes seulement, je dis :

« C'est fini... la bataille est terminée... A cette heure, les uns se sauvent et les autres poursuivent... Dieu veuille que nous ayons gagné. »

Et jusqu'au soir pas un âme ne parut dans les environs. Après le souper, on alla se coucher, dans l'inquiétude.

Le lendemain fut un jour triste ; le ciel s'était couvert, il finit par pleuvoir après deux mois de sécheresse ; la pluie tombait lourde et continue ; les heures se passaient lentement, l'ordre de commencer les abatis n'arrivait pas ; je me disais :

« C'est bon signe !... Tant mieux !... Si nous avions perdu, l'ordre serait arrivé de grand matin. »

Mais nous n'avions aucune nouvelle, et sur les trois heures, n'y tenant plus d'impatience, je dis à Marie-Rose et à la grand'mère :

« Ecoutez, cela ne peut plus durer, il faut que j'aille voir à la Petite-Pierre ce qui se passe. »

Je mis mon caban de toile cirée et je partis sous la pluie toujours plus forte. Dans nos terrains sablonneux, l'eau coule et ne détrempe pas le sol. J'arrivai vers six heures à la Petite-Pierre, où tout le monde se tenait enfermé dans les maisonnettes. A la pointe du vieux fort, dans les airs, veillait une sentinelle hors de sa guérite.

Quelques instants après, j'entrais dans le bureau de M. l'inspecteur. Il était là seul, se promenant la tête penchée, l'air soucieux; et comme je relevais mon capuchon, il me dit en s'arrêtant :

« C'est vous, père Frédéric ! Vous venez chercher des nouvelles et prendre des ordres ?

— Oui, monsieur l'inspecteur.

— Eh bien, les nouvelles sont mauvaises; Mac-Mahon a perdu la bataille, nous sommes repoussés de l'Alsace, cent cinquante mille Allemands s'avancent pour entrer en Lorraine. »

Un froid m'avait passé le long du dos, et, comme il se taisait, je murmurai :

« Tout est prêt, monsieur l'inspecteur, il ne s'agit plus que de distribuer la poudre de mine et de commencer les abatis; nous sommes tous prêts, nous attendons. »

Alors, souriant avec amertume, sa grosse chevelure brune ébouriffée, il s'écria :

« Oui... oui... nous sommes tous comme cela !... Le moment presse, la retraite continue par Bitche et Saverne, l'ennemi lance ses éclaireurs dans toutes les directions, et l'ordre ne vient pas !... »

Je ne répondais rien, et lui, s'asseyant, s'écria :

« Au fait, pourquoi vous cacher la chose ? Le général de Failly m'a fait répondre que les abatis sont inutiles, que nous n'avons rien à faire. Il paraît qu'il a reçu des ordres de l'Empereur. »

J'étais enraciné à ma place. Lui, s'était remis à marcher, les mains croisées sous les basques de sa redingote; et comme il allait, venait, sans ajouter un mot, je lui demandai :

« Et maintenant que faut-il faire, monsieur l'inspecteur?

— Rester à son poste, comme de braves gens, dit-il ; je n'ai pas d'autres ordres à vous donner. »

Quelque chose m'étouffait, il le vit, et, me regardant d'un œil humide, il me tendit la main en disant :

« Allons, père Frédéric, du courage!... C'est pourtant agréable de pouvoir se dire, la main sur le cœur : Je suis un brave homme!... Voilà, voilà notre récompense, à nous autres. »

Et je répondis tout attendri :

« Oui, monsieur l'inspecteur, oui, c'est tout ce qui nous reste ; celle-là ne nous manquera jamais. »

Il me fit l'honneur de me reconduire jusque dans l'allée, sur la porte de la rue ; et me serrant encore une fois la main, il s'écria :

« Du courage! »

Alors je repartis, descendant la grande vallée. La pluie couvrait l'étang de la Frohmühle, qui frissonnait tout gris entre les saules et les herbages desséchés.

Quant à te raconter les idées qui se suivaient dans ma tête, et combien de fois ma main passa sur ma figure, pour en essuyer les larmes et l'eau qui en découlaient. Quant à te raconter cela, Georges, ce n'est pas dans mes moyens, il en faudrait un plus savant que moi ; je ne me sentais plus, je ne me reconnaissais plus, je me répétais dans le trouble :

« Le général dit que c'est inutile de faire des abatis et de défoncer les routes!... Il a reçu des ordres de l'Empereur!... »

Et je marchais.

La nuit était noire lorsque je rentrai à la maison. Marie-Rose m'attendait, assise près de la table ; elle m'observait d'un œil inquiet et semblait me demander : Qu'est-ce qui se passe? Quels ordres avons-nous? »

Mais je ne dis rien, et jetant mon caban tout ruisselant de pluie au dos d'une chaise, secouant ma casquette, je m'écriai :

« Va te coucher, Marie-Rose. Nous ne serons pas troublés cette nuit; va dormir tranquillement : le général de Bitche ne veut pas qu'on se remue. La bataille est perdue, mais nous en aurons une seconde en Alsace, à Saverne, ou plus loin, les chemins doivent rester libres, nous n'avons pas besoin de bouger, les chemins seront bien gardés. »

Je ne sais pas ce qu'elle en pensait; mais, au bout d'un instant, voyant que je ne m'asseyais pas, elle dit :

« J'ai gardé ta soupe près du feu, elle est encore chaude, si tu veux manger, mon père?

— Bah! je n'ai pas faim, lui répondis-je; allons dormir, il est tard, cela vaudra mieux. »

Je ne pouvais plus me contenir, la colère me gagnait.

J'entrai dans l'allée, je poussai les verrous, et prenant la lampe, je montai. Marie-Rose me suivait; nous entrâmes dans nos chambres.

J'entendis ma fille se coucher; moi, longtemps encore, le coude sur la table, regardant la petite flamme jaune devant les vitres noires, où s'agitaient les feuilles de lierre sous la pluie, je restai pensif, clignant de l'œil et me disant :

« Frédéric, il y a pourtant des ânes en ce monde, et ceux-là ne sont pas à la queue, ils marchent en tête et conduisent les autres! »

Enfin, comme la nuit s'avançait, vers deux heures, songeant qu'il était inutile de brûler de l'huile pour rien, je me déshabillai et je me couchai en soufflant la lampe.

Or, dans cette nuit même du 7 au 8 août, les Allemands, ayant poussé des reconnaissances au loin et reconnu que tous les passages étaient libres, s'avançaient en masse et

CETTE ARMÉE TRAVERSAIT LA CHAINE DES VOSGES.

s'emparaient des défilés, non seulement de la Zinzel, mais encore de la Zorn, investissant ainsi la place de Phalsbourg, dont le bombardement commençait le surlendemain.

Ils passaient aussi en Lorraine par le grand tunnel de Hômartin, pendant que Mac-Mahon se retirait à marche forcée sur Nancy et puis sur Châlons.

Ainsi la grande armée allemande de Reichshoffen, qu'il aurait été si facile d'arrêter plusieurs semaines en Alsace en détruisant les routes de la montagne, et en faisant sauter le grand tunnel du chemin de fer, cette armée traversait la chaîne des Vosges et entrait en Lorraine sans tirer un coup de fusil, grâce à l'incapacité de l'empereur Napoléon III, qui nous commandait en chef...

L'Alsace était perdue!

Il ne faut jamais oublier cela, Georges, jamais!

XVII

EN RHÉTORIQUE

Cette année-là, j'obtins une petite chambre pour moi tout seul, donnant comme presque toutes les autres sur la cour intérieure, une ancienne cellule de capucin, blanchie à la chaux, avec un petit lit, une chaise, une table en bois de sapin.

J'avais seize ans, j'entrais dans la classe des grands. Enfin j'étais mieux; je pouvais travailler un peu le soir et rêver à mes leçons, cela me fit plaisir.

Et puis, j'appris à connaître un professeur digne de ce nom.

Depuis mon arrivée à Saarstadt, j'avais vu M. Perrot traverser la cour matin et soir, clopin-clopant, le chapeau sur la nuque, pour se rendre à sa classe. Il n'avait pas l'élégance de M. Gradus, le professeur de troisième, ni la majesté de M. Laperche, le professeur de seconde; il boitait des deux jambes, s'appuyant sur un bâton et galopant quelquefois d'une façon assez risible; ses épaules étaient inégales, ses lèvres grosses, son front haut et chauve. Des lunettes en cuivre ballottaient sur son nez un peu mou et aplati; ses habits, toujours mal fagotés, dansaient sur son dos; en somme, on ne pouvait voir d'être plus indifférent à la mode.

Mais M. Perrot avait d'abord quelque chose qui manquait

à ses confrères; il savait le grec, le latin et le français à fond; c'était un lettré dans toute la force du terme; et, de plus, il avait le rare talent de communiquer son savoir à ses élèves.

Je n'oublierai jamais la première classe de rhétorique qu'il nous fit, et l'étonnement que j'éprouvai lorsque, au lieu de commencer par la correction grammaticale de nos devoirs de vacances, il mit tranquillement ce tas de paperasses dans sa poche de derrière, en nous disant :

« C'est bon!... c'est de l'histoire ancienne... Passons à de nouveaux exercices. »

Nous étions assis à quinze, dans la grande salle d'étude alors déserte, tournant le dos aux fenêtres du fond, et lui s'assit en face de nous, sur une chaise, près du poêle; il retira une de ses bottines, qui le gênait; il regarda, se gratta, remit la bottine d'un air rêveur et puis nous dit :

« Messieurs, vous prendrez des notes. Vous rédigerez mon cours, c'est la seule manière de bien fixer les choses dans la mémoire. Vous réserverez de grandes marges dans vos cahiers de rédaction, et sur ces marges vous écrirez l'entête des chapitres, avec les indications principales de la matière qui s'y trouve traitée.

« Ainsi, d'un coup d'œil, en parcourant ces entêtes, il vous sera facile de vous rappeler l'ensemble du chapitre, et si les détails ne vous reviennent pas tout de suite, vous n'aurez qu'à relire le développement en regard.

« La rhétorique n'est qu'une collection d'observations faites par des philosophes et des critiques, sur les œuvres oratoires ou littéraires qui de leur temps avaient obtenu le plus de succès.

« Ces philosophes et ces critiques, au nombre desquels se trouvent Aristote, Longin, Denys d'Halicarnasse, Quintilien, etc., ont tiré des règles de ces observations, concluant de ce qu'un tel moyen avait réussi souvent, qu'il devait toujours réussir dans les mêmes circonstances.

« C'est le recueil de ces règles qu'on appelle rhétorique.

« Mais remarquez bien, messieurs, que les œuvres avaient précédé les règles. Ce ne sont pas les règles qui ont produit les chefs-d'œuvre qui ont dicté les règles.

« Donc, pour savoir si les règles sont bonnes, fondées sur des observations exactes, et déduites avec rigueur de ces observations, nous recommencerons le travail que les critiques ont dû faire.

« D'abord, pour les différents genres oratoires : démonstratif, délibératif et judiciaire, nous lirons les discours de Démosthènes, de Cicéron, de Pline le Jeune, quelques harangues tirées de Tite-Live, de Salluste, de Tacite, etc.

« Pour les productions du genre dramatique, nous lirons Eschyle, Sophocle, Euripide, Aristophane chez les Grecs, Térence et Plaute chez les Latins, avec une ou deux tragédies de Sénèque.

« Nous verrons si la règle des trois unités : de temps, de lieu, d'action, a toujours été bien observée.

« Enfin pour tous les genres nous ferons la même étude; alors notre rhétorique sera solide.

« Mais vous comprenez que ce travail ne peut se faire par écrit, car ce serait beaucoup trop lent, nous n'aurions pas vu le quart de nos auteurs à la fin de l'année. Nous traduirons donc verbalement tous les jours quelques pages d'un ouvrage; chacun de vous à son tour lira, les autres suivront; si quelque difficulté se présente, je vous éclaircirai la question, et vous en prendrez note.

« Nous embrasserons ainsi, dans un an, non seulement les auteurs exigés pour l'examen du baccalauréat ès lettres, ce qui serait peu de chose, mais la littérature de deux grands peuples, représentée par leurs œuvres monumentales.

« Si nous voyons que le temps nous manque vers la fin de l'année, eh bien! tous les jours, après neuf heures, lorsque les enfants iront dormir, nous autres nous poursuivrons nos études jusqu'à minuit s'il le faut.

« Profitez bien du temps, messieurs. Quant à moi, je n'épargnerai rien pour vous faire une bonne classe de rhétorique, qui vous servira toujours, quelle que soit la carrière que vous embrassiez par la suite, car, quoique bien peu d'entre vous soient destinés à devenir des auteurs, des poètes ou des écrivains en titre, vous aurez toujours besoin de savoir juger d'une production littéraire quelconque ; cela contribuera d'abord au développement de votre intelligence, ensuite aux jouissances sérieuses et durables de votre vie. »

Ainsi parla cet honnête homme, avec une simplicité qui me surprit ; jusqu'alors je n'avais vu que des faiseurs d'embarras, de pauvres sires, très fiers de leur science grammaticale, tandis que M. Perrot parlait de lire tous les principaux auteurs grecs et latins, comme d'une chose toute simple. Cela me paraissait impossible, étant encroûté dans les difficultés de trois ou quatre rudiments, qui, bien loin de nous aider en quoi que ce soit, embrouillaient tout dans notre esprit ; mais je reconnus bientôt qu'avec un vrai professeur tout devient facile.

Cette année de rhétorique et celle de la philosophie qui suivit, fut le seul bon temps de ma jeunesse ; le temps où tout un monde d'idées parut éclore dans mon esprit.

M. Perrot aimait ses élèves! En hiver, pendant les récréations, quand le vent soufflait dans le vieux cloître, que la neige s'amassait aux vitres et que tout le monde grelottait dans les corridors, il arrivait le soir sur ses pauvres jambes infirmes ; il se pendait aux épaules de deux grands et ranimait le courage de tous, en chantant comme un véritable enfant : « Frère Jacques, dormez-vous? » ou bien : « Malbrough s'en va-t-en guerre! » Bientôt la belle capucinière était ressuscitée, et l'on finissait par rire comme des bienheureux, jusqu'à l'heure où la cloche du père Van den Berg nous envoyait au lit.

En classe, nous parlions de harangues, de discours,

d'Athènes, de Rome. Nous comparions Démosthène, le dialecticien terrible, à Cicéron, le pathétique ; l'oraison funèbre des guerriers morts dans la guère du Péloponèse, de Périclès, par Thucydide, à l'oraison funèbre du grand Condé, par Bossuet. On bataillait, on se disputait. Tantôt Masse, tantôt Scheffler ou Noblet en chaire soutenaient l'attaque des camarades, sur la supériorité de tel ou tel chef-d'œuvre. M. Perrot, assis au milieu de la salle, ses grosses lunettes sur le front et le nez en l'air, excitait les uns et les autres ; et quand par hasard l'un de nous trouvait un argument nouveau, une réplique décisive, il se levait comme transporté d'enthousiasme et galopait clopin-clopant devant les pupitres, en poussant des exclamations de joie.

A la fin, quand la cloche sonnait la sortie, l'excellent homme fermait la discussion, et toute la classe tombait d'accord que ces anciens-là savaient écrire et parler. Les réfutations de Démosthène et les préroraisons de Cicéron avaient surtout notre estime ; et nous aurions été bien heureux de pouvoir assister à quelques-unes de ces fameuses discussions, où tous les citoyens écoutaient d'un bout de la place à l'autre, et jusque sur les toits en terrasse, les terribles lutteurs aux prises pour ou contre la guerre à Philippe, les lois agraires, l'arrestation des Gracques et d'autres grandes mesures semblables.

La seconde partie de notre rhétorique, après Pâques, fut encore plus intéressante, car alors commencèrent nos lectures dramatiques ; alors M. Perrot nous fit connaître le théâtre grec, bien autrement imposant que le nôtre, puisque c'était sous le ciel, en pleine nature, pendant les fêtes d'Éleusis ou les Panathénées, et devant tous les peuples accourus des îles Ioniennes, de la Crète et des colonies asiatiques, que se donnaient ces représentations des Euménides, des Suppliantes, d'Œdipe roi, d'Hécube, etc., aux applaudissements de la foule immense. La voix des acteurs était portée au loin par des bouches de bronze ; les chœurs, composés de jeunes filles vêtues de lin, chantaient dans les intermèdes l'espérance, l'enthousiasme, la terreur, quelquefois des invocations aux dieux infernaux, à la fatalité ; enfin tout était en scène, et l'émotion de la foule y jouait le premier rôle.

Quant aux comédies, elle se représentaient plus modestement sur l'Agora, la place du marché, où chacun pouvait aller rire à son aise.

C'est aussi là que se promenait Socrate, parmi les échoppes de tous métiers, apostrophant tantôt un savetier, tantôt un marchand de marée, tantôt un surveillant de la halle, et faisant rire le peuple à leurs dépens. Il élevait une concurrence dangereuse aux comédiens, nous dit M. Perrot, et c'est pourquoi tous les comédiens se liguèrent contre lui : le sophiste Anitus, l'orateur politique Lycan, le misérable poète Mélitus, avec lesquels un écrivain de génie comme Aristophane n'aurait jamais dû se mêler.

Nous apprîmes en même temps l'accentuation grecque, la mélopée de l'hexamètre et celle de l'ïambe, les dialectes ionien et dorien ; et tout cela sans difficultés, parce que le professeur ne nous enseignait que ce qu'il savait lui-même.

Nous eûmes encore le temps de lire quelques passages de la guerre du Péloponèse par Thucydide, de celle de Massinissa par Polybe, et le commencement des *Annales* de Tacite.

Pour nous familiariser avec le dialecte dorien, M. Perrot nous fit traduire deux ou trois idylles de Théocrite, mais dans une édition de Leipzig soigneusement expurgée. Nous aurions bien voulu connaître les vers restés en blanc ; nous étions à l'âge où tout ce qu'on nous cachait prenait à nos yeux une importance extraordinaire.

Enfin, nos études avançaient ; et, chose singulière, au lieu d'être dans les derniers, comme en seconde, j'étais devenu le premier de notre classe. M. Perrot me reprochait bien quelques barbarismes et quelques solécismes dans mes rédactions latines ; il trouvait bien des fautes de quantité dans les vers que je fabriquais, à grands coups de dictionnaire, avec des bribes du *Gradus ad Parnassum*, mais il soutenait que j'avais plus le sentiment de la langue qu'aucun autre de mes camarades ; et quant au discours français, je suis obligé de n'en rien dire, les autres me considéraient comme un petit Cicéron. Grâce à Dieu, j'avais assez de bon sens pour voir qu'ils se trompaient.

Or, en ce temps-là, M. Perrot, qui lisait beaucoup les modernes, ayant oublié par hasard en classe un petit livre relié en maroquin rouge, je crus pour le coup tenir les idylles de Théocrite, sans aucune rature, et le soir, dans ma petite chambre, à la chandelle, je tirai le volume de ma poche.

C'était une contrefaçon belge des *Orientales* et des *Odes et Ballades* de Victor Hugo, qui me rendirent fou d'enthousiasme. Je n'avais rien vu de pareil : ce style coloré, pour nous peindre les scènes de la vie d'Orient, puis l'originalité, le pittoresque des tableaux du moyen-âge, me tiraient les yeux de la tête.

Tout ce que j'avais lu jusqu'alors me paraissait fade auprès de cela, et le lendemain je m'en allais courant dans les corridors, et criant que Racine, Corneille et La Fontaine étaient de pauvres poètes ; qu'ils n'avaient jamais eu d'inspiration, et qu'il fallait les mettre tous au rebut.

Le petit livre se promenait de mains en mains, et tous les camarades adoptaient mon avis par acclamation.

Deux jours après, M. Perrot ayant longtemps cherché ses *Orientales*, se souvint de les avoir oubliées en classe, et s'adressant à moi :

« Monsieur Nablot, me dit-il, n'auriez-vous pas trouvé, par hasard, un petit volume relié en maroquin ? »

Je devins tout rouge, car il était entre les mains de quelqu'un ; je ne savais pas de qui.

« Le voici ! dit Scheffler, Nablot me l'a prêté.

— C'est bon, dit M. Perrot en le recevant. Il est bien heureux que vous ayez vu presque tous vos auteurs, car vous ne ferez plus rien de naturel ; vous allez voir jusqu'à la fin de l'année des giaours brillants de pierreries, des têtes plantées sur les aiguilles des minarets et causant entre elles comme des philosophes... Je connais cela, s'écria-t-il ; je suis désolé de ma négligence. Vous avez lu le livre, monsieur Nablot... et vous autres?

— Oui, monsieur.

— Ah! j'en étais sûr! »

Et clopin-clopant à travers la salle, il poursuivit d'une voix criarde :

« A quoi tout cela rime-t-il? Est-ce que cela tient des Grecs?... Est-ce que cela tient des Latins?... De quelle école est-ce? Je vous le demande. Voyons!... »

Comme nous ne répondions pas, il s'écria :

« Cela tient des barbares! C'est un dévergondage d'imagination... quelque chose dans le genre des prophètes juifs : d'Isaïe, d'Ezéchiel, de Jérémie. Mais ceux-là, du moins, étaient pouilleux, ils mangeaient des sauterelles, ils logeaient dans les baleines, ils n'avaient ni feu ni lieu, ils attrapaient tous les jours quelque bon coup de soleil sur leur crâne chauve ; leur exaspération et leurs fantaisies étranges s'expliquaient. Oui, à la rigueur, on comprend qu'avec leur manteau en poil de chèvre rempli de vermine, jeûnant des quarante jours de suite et ne trouvant pas un verre d'eau à boire, ces personnages aient poussé des cris d'aigle, et qu'ils aient eu des visions dans le genre de l'Apocalypse!... Mais celui-ci n'a pas la moindre excuse ; il est jeune, il se porte bien, il vit dans la meilleure société, il a fait toutes ses classes... Je n'y comprends rien!... »

Et s'arrêtant :

« Monsieur Nablot, vous trouvez cela beau ?

— Oui, monsieur.

— Et vous, Masse, Scheffler... vous tous?

— Très beau ! »

Alors M. Perrot s'indignant nous dit :

« Vous êtes tous des ânes ! C'est bien la peine de vous avoir enseigné les règles d'Aristote et de Quintilien ? Vous aimez cela, monsieur Nablot ? »

Il me regardait ouvrant de grands yeux.

« Oui, monsieur, lui répondis-je, non sans émotion.

— Pourquoi ?

— C'est nouveau... ça m'éblouit !...

— Ce n'est pas une raison, s'écria-t-il. Est-ce que si l'inspecteur venait, il se contenterait de cela ? Que lui diriez-vous ?

— Je lui dirais que si l'on avait toujours fait comme Homère, on n'aurait jamais vu Virgile.

— Asseyez-vous, dit M. Perrot, vous êtes un sophiste ! Nous allons relire l'*Art poétique* d'Horace, pour nous remettre tous dans le bon sens ; car ceci, messieurs, fit-il en élevant son petit livre, c'est l'invasion des barbares ; nous sommes envahis dans le Midi par les Numides et dans le Nord par les Scandinaves. Ces gens-là n'ont pas les mêmes règles que nous ; ils n'ont pas même d'histoire. Nous, nous venons des Latins et, par les Latins, des Grecs, peuples pleins de bon sens et de simplicité. Tous ces romantiques bouleversent les traditions françaises. Je ne conteste ni leur talent, ni même leur génie ; ils nous ont emprunté la langue du seizième siècle, pour nous battre avec nos propres armes ; mais les classiques auront leur Marius !... Espérons-le... Espérons-le... Si cela n'arrivait pas, le génie national serait perdu ! »

Ce bon M. Perrot se désolait ! Telle était alors l'influence de l'éducation classique sur les esprits les plus libéraux : ils ne comprenaient rien à la grande révolution littéraire, qui devait faire pour l'art ce que 89 avait fait pour la politique.

Pendant la saison d'été, notre professeur nous accompagnait souvent à la promenade ; appuyé sur mon épaule et sur son bâton, il galopait comme un cabri ; la joie d'être au milieu de ses élèves le transformait, il devenait presque beau.

Le but ordinaire de la promenade était à la Scierie, et lorsque nous arrivions sous bois, à l'ombre des hêtres et des sapins, la vallée au-dessous de nous, avec ses grandes prairies à perte de vue, toute jaune de pissenlits et la petite rivière au milieu, comme enfouie sous les hautes herbes, tout en galopant pour gagner la maison forestière, M. Perrot prononçait des harangues et lançait des apostrophes à la nature. Nous lui répondions de notre mieux ; les petits, autour de nous, écoutaient dans l'admiration, et le nouveau maître d'étude, Bastien, ancien élève de M. Perrot, se mettait aussi de la partie.

Le chant d'une grive, le roucoulement d'une troupe de ramiers sous la haute futaie, le cri d'un épervier à la cime des airs nous faisaient arrêter ; et, le cou replié, nous regardions un instant l'oiseau de proie tracer dans le ciel ses grands cercles en spirale. Ensuite, nous repartions, dans le chemin sablonneux ; et lentement, après avoir passé le petit pont en dos d'âne, où les femmes avec leurs charges de feuilles sèches, et leurs enfants avec leurs fagots, s'arrêtent pour respirer, un peu plus loin, au détour de la vallée, nous découvrions enfin l'auberge de la Scierie.

C'est dans cet endroit que notre professeur avait ses abeilles en pension, car c'était un amoureux d'abeilles, de culture, de jardinage et de tout ce qui se rapporte à la vue rustique.

Là, nous cassions une croûte de pain sous la tonnelle, nous buvions un verre de bière. M. Perrot faisait apporter du beurre, une assiette de miel, et nous nous regardions comme des philosophes, des gens au-dessus du vulgaire, des sages :

Lisant au fond de ceux qu'un vain luxe environne,
Que la fortune vend ce qu'on croit qu'elle donne !

XXIII

QUELLE DIFFÉRENCE D'UN PROFESSEUR A UN AUTRE.

Ainsi se passaient les dimanches et les jeudis dans ce bon temps.

Quelle différence d'un professeur à un autre! Et que de reconnaissance on devrait avoir pour l'homme instruit et sympathique qui vous a donné son âme entière, le fruit de son expérience et de son travail, pour développer en vous quelques germes heureux, espérant pour toute récompense obtenir un souvenir... et peut-être un regret après sa mort. Oui, de pareils hommes existent dans nos petits collèges, et savez-vous ce qu'ils reçoivent pour vivre, eux et leur famille? Deux à trois mille francs par an! Je le demande à tous les gens de cœur, n'est-ce pas une injustice révoltante? On voudrait chasser les capacités des collèges communaux, si nécessaires à l'instruction de la petite bourgeoisie, qu'on ne s'y prendrait pas autrement.

Au bout d'une heure ou deux de halte à la petite auberge, lorsque le soleil commençait à s'incliner derrière les montagnes, nous rentrions à Sàarstadt.

Pour en finir avec ma rhétorique, je vous dirai qu'à la fin de l'année j'obtins tous les premiers prix de notre classe.

Cette année-là, je m'en souviens, M. le maire, dans son discours, parla du maréchal de Villars, disant que tous ses triomphes ne lui avaient jamais fait autant de plaisir que les premiers prix remportés au collège. Il cita le nom de Vauvenargues : « Que les premiers feux de l'aurore ne sont pas aussi doux que les premiers sourires de la gloire. » Et je reconnus qu'il avait raison, quand ma mère, mes sœurs, mes frères, notre bonne vieille Babelô, enfin tous ceux que j'aimais, réunis devant notre porte, vinrent m'embrasser avec des cris d'enthousiasme, en voyant le char à bancs couvert de couronnes. Ah! le beau jour!...

XVIII

LES HAINES DE FAMILLE

C'est au commencement de cet hiver, dit le vieux maître d'école, que Jean et Jacques Rantzau m'envoyèrent leurs enfants : Georges et Louise. Ils avaient à peu près le même âge, de six à sept ans. Louise, la fille de Jean, venait de perdre sa mère, ce qui rendait ma tâche plus grave et plus touchante. Elle était grande, légère, avec de beaux yeux bleus et doux, et des cheveux blonds en abondance. Quand elle allait, dans son petit manteau toujours bien propre, la tête haute, regardant à droite et à gauche, on aurait dit un de ces jolis faons de biche qui traversent quelquefois la vallée aussi vite que le vent. Georges, son cousin, le fils de Jacques, avait le teint pâle et le grand nez crochu des Rantzau, leurs cheveux bruns crépus et leur large menton carré. L'obstination de la famille était peinte dans ses yeux : ce qu'il voulait, il le voulait bien ! mais l'esprit de sa cousine lui manquait; elle avait toujours avec lui le dernier mot, et le regardait par-dessus l'épaule d'un petit air de hauteur.

Je mis ces deux enfants, Louise avec les petites filles et Georges avec les garçons, séparés les uns des autres par une barrière en bois; et je suis bien forcé de le dire, au milieu de ces pauvres et de ces pauvrettes, dont les guenilles humides fumaient tout l'hiver autour d'un grand poêle de fonte, on les aurait crus d'une autre espèce. Ah! que la misère est une triste chose et qu'elle rabaisse les malheureux! Je ne parle pas seulement du teint rose, de l'air confiant que la souffrance et les privations leur font perdre si vite, je parle aussi de l'esprit. Mon Dieu, n'est-ce pas tout simple? Les enfants du bûcheron, du ségare, du flotteur, que voient-ils, qu'entendent-ils en rentrant dans la hutte à la nuit? Ils voient les pauvres parents assis autour d'un tas de pommes de terre et d'un pot de lait caillé, le dos courbé, les bras tombant à force de fatigue, la tête penchée et les cheveux collés par la sueur sur leur figure, n'ayant plus même le courage de penser. Quelques mots sur la coupe, sur le chemin de schlitte, sur la neige qui tombe et rend la descente dangereuse, sur Pierre ou Paul qui viennent d'être écrasés, voilà tout... Si le dimanche on n'entendait pas M. le curé parler de Dieu, de la vie éternelle, des devoirs du chrétien, on ne connaîtrait que le froid, la fatigue et la faim.

Chez les autres, au contraire, fils de bourgeois, dans la grande salle propre, boisée tout autour à hauteur d'appui, — qu'ils appellent le poêle, — bien éclairée et meublée, soir et matin, à tous les repas, le père, la mère, les domestiques, les étrangers qui vont et viennent, entrent et sortent, parlant de leurs marchés, des nouvelles apportées par la poste ou par les journaux, en apprennent plus aux enfants que les pauvres n'en sauront jamais. Aussi je le dis, et c'est la vérité, la première instruction est celle de la maison; celle de l'école ne vient qu'ensuite.

Georges et Louise profitaient donc à vue d'œil; au bout d'un mois, ils savaient épeler; bientôt ils commencèrent à lire, et, chose rare chez nous à comprendre, ce qu'ils lisaient. Malgré moi je les prenais en amitié plus que d'autres élèves, qui me donnaient de la peine sans arriver à rien. J'avais du plaisir à les interroger, à voir leurs progrès extraordinaires. Un seul point me chagrinait, c'est qu'ils se détestaient comme leurs parents : je ne pouvais louer Georges, sans voir Louise serrer les lèvres et cligner des yeux d'un air ennuyé ; ni faire l'éloge de Louise, sans que Georges aussitôt devînt pâle de jalousie. Les vieux avaient sans doute excité leurs enfants l'un contre l'autre, en parlant sans cesse à la maison, des champs, des prés, de tous les biens qu'ils auraient eus sans la mauvaise foi du frère, et la malédiction qui retomberait sur les descendants s'ils se reconciliaient jamais ensemble.

Je reconnaissais cette mauvaise semence parmi la bonne. J'aurais bien voulu l'arracher, mais je me disais que cela regardait plutôt M. le curé ; qu'on verrait à la première communion ; qu'il faudrait bien alors réciter ensemble la prière enseignée par le Seigneur à ses disciples :

« Pardonnez-nous, comme nous pardonnons à ceux qui nous ont offensés. »

Malgré cela, j'étais indigné de ces mauvais sentiments, et même un jour la patience m'échappa.

Vous savez que dans nos pays de montagnes on est très sévère sur l'observation des fêtes, et principalement pour celles de l'enfance. D'abord arrive Saint-Nicolas, le grand saint de la Lorraine, sa hotte au dos, tenant la sonnette d'une main et la verge trempée de vinaigre de l'autre ; plus tard, c'est Noël, avec ses sabres de bois, ses gâteaux et chez les gens aisés, son petit sapin chargé de rubans, de sucreries et de noix dorées ; puis le nouvel an et les Rois. La fêtes des Rois, au temps des grandes neiges, est parmi les plus belles. Alors une troupe d'enfants courent le village, revêtus de chemises, de couronnes de papier peint sur la tête, un sceptre de bois contre l'épaule, comme les rois des jeux de cartes. L'un d'eux a la figure noircie avec de la suie, c'est le roi nègre. Ils entrent ainsi dans toutes les maisons et chantent une chanson patoise, si vieille, qu'on a de la peine à la comprendre ; et l'air en paraît encore plus vieux :

> *Les trois rois ils sont venus,*
> *Pour y adorer Jésus.*

Et dans un moment ils se prosternent, criant en chœur :
« Nous nous mettons en genoux ! »

Les bonnes gens leur donnent des pruneaux secs, des pommes, des œufs, du beurre. Naturellement ils n'oublient pas d'entrer à l'école ; ils entrent fièrement comme des rois, et chantent au milieu de l'admiration universelle, pendant qu'Hérode, caché dans l'allée, attend son tour de paraître. Tous les enfants envient leur sort ; et c'est l'occasion pour l'instituteur, lorsqu'ils sont partis, de raconter la visite des mages d'Orient à notre Seigneur, qui venait de naître au petit village de Bethléem, en Judée, et se trouvait encore dans sa crèche, au milieu du bétail et des pauvres bergers ; de leur peindre l'étoile qui marchait devant ces souverains, dont l'un portait de la myrrhe, l'autre de l'or et l'autre de l'encens. Je leur racontai donc ces choses merveilleuses ; ils m'écoutaient, les petites filles penchées sur la balustrade, les yeux grands ouverts, et les petits garçons tout pensifs.

Quelques jours après, voulant m'assurer qu'ils avaient retenu, j'interrogeai l'école. Aucun garçon ne put répéter l'histoire des mages ; pas même Georges, qui ne savait par où commencer ni par où finir. Je dis à Louise de répondre, et tout de suite, d'une voix gentille et sans se presser, elle raconta la visite des monarques d'Orient au Sauveur du monde, aussi bien et peut-être mieux que moi.

J'en étais attendri.

« C'est bien, Louise ; c'est bien, mon enfant, lui dis-je, tu peux t'asseoir. Depuis longtemps je n'ai pas eu de satisfaction pareille. »

XXIV

« TU L'AS FAIT EXPRÈS! »

Sa figure brillait de joie, pendant que Georges devenait tout sombre.

Or, ce même jour, à la fin de l'école, ayant ouvert les fenêtres pour renouveler l'air, je regardais les enfants s'en aller en courant dans la neige et se lancer à la file sur le verglas de notre fontaine ; garçons et filles glissaient ensemble, criant, levant les bras, faisant sonner leurs petits sabots sur la glace, et quelques-uns, les plus adroits, s'asseyant et continuant de glisser sur leurs talons.

Toutes ces figures rondes de petites filles embéguinées dans leurs haillons, le petit nez rouge hors de la capuche, et les garçons, plus hardis, se balançant sur les reins pour reprendre l'équilibre, formaient un spectacle réjouissant. Je les regardais depuis une minute, quand la petite Louise passa sur la glissade, toute gaie et riante, au milieu des garçons. Elle allait comme un oiseau, les ailes de son petit manteau déployées, sans méfiance et sans crainte ; mais dans la même seconde, je vis Georges partir derrière elle aussi vite qu'un tiercelet, et lui donner en passant un grand coup de coude qui l'étendit dans la neige. J'étais déjà dehors, indigné, courant la relever en criant :

« Georges !... Georges !... Arrive ici ! »

Elle pleurait à chaudes larmes, mais heureusement n'avait aucun mal. Georges aurait bien voulu se sauver.

« Arrive ici, lui dis-je ; arrive, mauvais cœur ! »

Je le pris par le bras et je l'emmenai dans la salle en criant :

« Tu l'as fait exprès ! »

Lui, tout pâle, ne répondait pas.

« Tu l'as fait exprès, lui dis-je encore. — Réponds-moi ! »

Mais il était trop fier pour mentir, et ne dit rien, s'asseyant au bout d'un banc, et regardant devant lui, les yeux farouches.

« Puisque tu ne réponds pas, lui dis-je, c'est vrai : tu

voulais faire du mal à Louise, parce qu'elle a mieux su l'histoire des mages que toi. C'est abominable... Tu mérites d'être puni... Tu n'iras pas dîner... Je te retiens en prison. »

En même temps je sortis, fermant la porte à double tour; cela m'avait bouleversé.

J'envoyai ma femme prévenir les parents que Georges était en pénitence; et quelques instants avant une heure, étant descendu, je le trouvais toujours à la même place, les coudes sur la table, les deux joues relevées sur les poings, regardant au même endroit. On aurait dit le père Jacques songeant à son frère pour le haïr.

« Tu te repens? » lui demandai-je avec douceur.

Il ne dit rien.

« Tu ne le feras plus, n'est-ce pas? »

Rien! J'allais et je venais dans la salle, tout désolé! Presque aussitôt la mère arriva, le dîner de l'enfant dans une écuelle, sous le tablier. Elle avait les yeux gros. Je lui dis tout! La pauvre femme regardait Georges avec tristesse, et finit par mettre l'écuelle devant lui. Il mangea, puis il alla se placer à son pupitre, en attendant l'arrivée des camarades.

« Oh! monsieur Florence, me dit la mère dans l'allée, en s'en allant, quel chagrin!... Ils sont tous les mêmes... Ce sont tous des Rantzau! »

Louise en rentrant paraissait joyeuse; elle jetait de temps en temps à son cousin un coup d'œil satisfait.

Voilà l'effet des haines de famille, elle empoisonne le cœur des enfants!

TABLE DES MATIÈRES

		Pages
I.	— Le coquillage de l'oncle Bernard..........	1
II.	— L'entrée au collège................	11
III.	— Les premières vacances.............	29
IV.	— Le départ du jeune ami.............	33
V.	— Marie-Rose....................	37
VI.	— Les fonctionnaires allemands en Alsace......	41
VII.	— Il faut savoir faire un écrit............	47
VIII.	— La mère Balais..................	55
IX.	— L'oncle Jacob...................	109
X.	— La chasse aux moineaux.............	117
XI.	— Le chien de la cantinière............	121
XII.	— Autrefois.....................	133
XIII.	— L'installation d'un nouveau sous-maître.....	139
XIV.	— Les anabaptistes.................	147
XV.	— La mort du petit David..............	161
XVI.	— Reichshoffen...................	177
XVII.	— En rhétorique..................	187
XVIII.	— Les haines de famille..............	199

Paris. — Imp. Gauthier-Villars et fils, 55, quai des Grands-Augustins.

www.ingramcontent.com/pod-product-compliance
Lightning Source LLC
Chambersburg PA
CBHW071947160426
43198CB00011B/1587